AF496801

POEMAS E POESIAS DE A-Z

SSM
EDIÇÕES
2021

POEMAS E POESIAS DE A-Z

Silmar Silva Moreira

POEMAS E POESIAS

DE

A-Z

1ª EDIÇÃO
EDIÇÃO DO AUTOR
Ji-Paraná/RO
2021

POEMAS E POESIAS DE A-Z

Publicação Independente por
Silmar Silva Moreira

Revisão
Rosélia Soares Araújo

Capa
SSM Edições

Foto da Capa
Canva.com

Ficha Catalográfica elaborada pelo autor.

MO 835 Moreira, Silmar Silva, 1961 -

Livro: Poemas e Poesias de A-Z/Silmar Silva Moreira
Imagens: Canva.com; Arte da capa SSM Edições; 1 ed.
Ji-Paraná-RO/Edição Independente, 2021.

169 P 14 x 21 Cm

ISBN: 978-65-00-18349-8
Inclui Contextualização

1.Agência 1824.   2.Amor   3. Amigo

I Título.

CDD-B869.91
CDU-82.1

(1ª Edição - 2021)
Todos os Direitos Reservados ao Autor
e-mail: Silmar.moreira@hotmail.com
Rua Castanheira, 2402 Bairro Nova Brasília.
CEP 76908-658 Ji-Paraná - RO

Título:

POEMAS E POESIAS DE A - Z

Copyright© - 2021 by Silmar Silva Moreira

Publicado originalmente pelo Autor.

Publicação Independente
Rua Castanheira, 2402
Nova Brasília
Ji-Paraná/RO
CEP: 76908-658

Fones: (69) 98469-2453 e (69) 3424-2606

FONTES:

As citações Bíblicas foram extraídas da tradução de Almeida, Edição Revista e Corrigida. Da Bible Software The Word.

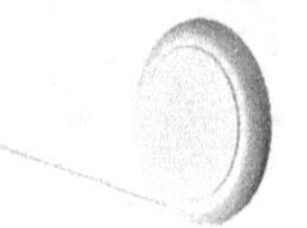

SUMÁRIO

APRESENTAÇÃO

Quando pensei em escrever essa obra, fui motivado por uma paixão antiga "a poesia". O meu primeiro contato com a poesia foi quando tinha apenas 19 anos, eu e mais dois amigos, escrevemos um book de poesias, um livreto, onde pudemos expor os nossos pensamentos e nossas ideologias, acerca de diversos assuntos. Como quase todos os jovens dos anos 80, tínhamos pensamentos revolucionários e ideologicamente éramos partidários da esquerda e consequentemente contrários ao regime militar. Os nossos ídolos eram Che Guevara (na política) John Lennon (na música) e havia até alguns amigos simpatizantes do nazismo e que tinham Adolpho Hitler como ídolo e herói. As nossas aspirações eram fruto do conteúdo da MPB brasileira e nos inspirávamos em canções como: "para não dizer que não falei das flores" de autoria do compositor Geraldo Vandré.

Lembro-me que, para o livreto cheio de poesias revolucionárias, demos o seguinte nome: "Nós, Lennon e a paz". Todo o seu conteúdo era escrito baseado nas ideias revolucionárias de John Lennon e nos pensamentos de Che Guevara.

Em 1982, mudei para Rondônia e graças a Deus em maio de 1986, conheci o Senhor Jesus e fui atingido pela "metanoia", o verdadeiro arrependimento e então passei a ter pensamentos e atitudes diferentes daqueles do passado. Naquela época, tínhamos ídolos e nos guiávamos por suas ideias, hoje, não tenho mais ídolos, tenho Deus, e me guio por sua Palavra. Jesus é o nome do meu Deus busco me conduzir, por seus ensinamentos e por seu exemplo de vida.

Escrevi o meu primeiro livro em 1988, com o objetivo de evangelizar uma senhora, que conheci, a qual era decepcionada com Deus. O seu marido fora assassinado e não fizeram justiça, então ela sempre questionava onde estava Deus e porque não fizera nada? Eu dizia para ela, que aquela situação não fora provocada por Deus e nem sempre ele consegue interferir nas nossas escolhas, ela não se deixou convencer, foi aí que propus escrever um livro sobre o assunto e perguntei se ela o leria; feito o acordo, então, escrevi o livro que dei o nome de "O Ímpio, o justo e as Providências de Deus".

Em 1988, resolvi estudar teologia, mas não queria fazer apenas um seminário teológico, queria um curso superior, foi então, que entrei para a faculdade de teologia e fiz bacharelado e licenciatura em teologia. Com o passar do tempo fui percebendo a carga de conhecimentos que adquiri e a necessidade de disponibilizá-los às pessoas que quisessem conhecê-los. No ano passado (2019), resolvi assumir a função de escritor e comecei a desenvolver o conteúdo do primeiro livro o qual foi concluído no ano de 2020 com mais outros quatro títulos.

"Poemas e Poesias de A-Z", o meu sexto livro é a realização de um sonho em especial, através do qual posso falar com jeito poético dos eventos e das pessoas que fazem e fizeram parte da minha vida, das experiências espirituais e da grandeza do meu Deus incluindo as suas virtudes e os seus atributos.

Silmar Silva Moreira

CONTEXTUALIZAÇÃO

Neste capítulo, pretendo contextualizar cada poema e poesia, contando o porquê do seu conteúdo e o contexto de inspiração.

Obviamente cada um deles, nasceu de um fato, um episódio, um evento e de pessoas que fizeram e fazem parte da minha história. A inspiração vem do dom que Deus me deu, tenho procurado colocar no conteúdo de cada um deles, a emoção e o sentimento que é peculiar da escrita poética, a fim de poder transmitir com a maior graça e leveza possível a mensagem por trás da poesia.

POEMAS E POESIAS DE A-Z é o jeito simples e poético com o qual pretendo apresentar alguns episódios da minha vida, do contato com pessoas e situações, apresentando em versos estruturados de maneira harmoniosa, bela e estética retratada em forma de palavras.

Os escritos são narrativas as vezes verídicas e as vezes ficcionais, contadas na forma escrita, através das quais externo as verdades descobertas por minha fé e pelas experiências que vivenciei.

O gênero poético que apresento, por vezes, com características subjetivas fornece uma linguagem elaborada e uma disciplina estrutural, onde cada verso composto pelo conjunto de palavras ainda que subjetivas ao rítmo, dá origem a outro verso e expõe de maneira simples e bela a grandeza romantica dos fatos.

POEMAS E POESIAS DE A-Z, nos leva a uma reflexão de como todos os episódios da vida, seja do mais fantástico ao mais dramático, podem ser expostos de forma mitigada por sua leveza poética.

Como podem notar o título "POEMAS E POESIAS DE A-Z", tem a proposta de seguir o alfabeto, e apresentar com todas as letras, a partir da letra "A", finalizando com a letra "Z", tendo um ou mais poemas e poesias começando com cada uma delas.

Cada poema e poesia terão antes a sua contextualização, para tornar mais compreensivo o conteúdo, para que o leitor se situe naquilo que está lendo e deguste com mais sabor o teor de cada narrativa.

Silmar Silva Moreira

AGÊNCIA 1824 *(contextualização)*

A minha história não pode ser contada, sem a inclusão da CAIXA ECONÔMICA FEDERAL, dando um realce na AGÊNCIA 1824, por ser a agência onde trabalho, a qual nunca abandonei, por trabalhar nela, desde que fui contratado.

Como é do conhecimento dos amigos, irmãos de fé, familiares e daquelas pessoas mais chegadas, tive um filho especial, o qual nasceu em 1998 e faleceu em 2019. A sua patologia, uma das mais raras, a DMD - DISTROFIA MUSCULAR DE DUCHENNE é um tipo raro que começa comprometendo a deambulação do paciente, e por ser progressiva e degenerativa, chega ao ápice de comprometer os órgãos vitais, em especial os pulmões e por fim o comprometimento à vida.

Para conseguir dar ao meu filho qualidade de vida, levava-o ao médico várias vezes, incluindo visitas anuais ao CENTRO DO GENOMA HUMANO em São Paulo, as consultas e remédios caríssimos, os custos de UTI, e nos seus últimos anos de vida, os custos de um HOME CARE, suprimento de nutrição, aparelhos para suporte ventilatório a cadeira motorizada e por fim um carro adaptado para cadeirante com rampa e elevador.

Todo esse cuidado e aparatos, não seriam possíveis para mim, se eu não trabalhasse na CAIXA. Por ser empregado dessa empresa, passei a ter um plano de saúde, que me deu todo o suporte e suprimento que necessitei. Para se ter uma idéia, só o custo mensal do HOME CARE, era um valor que variava de R$50.000,00 a R$60.000,00, perfazendo um total de mais de R$ 600.000,00 por ano. Eu jamais teria condições de manter um custo desses.

Por vezes, orava e agradecia a Deus, por esse trabalho e quando testemunhava, eu sempre dizia, que lá atrás, no ano de 1988, quando me dispus a prestar o concurso, acredito que Deus, sabendo que eu passaria por isso me abençoou com a aprovação, pois na ocasião, foi um milagre eu ter conseguido, não tinha curso superior, tinha apenas o segundo grau (curso secundário) e concorri com milhares de pessoas, praticamente todas de nível superior. Foram aprovados 20 participantes, depois lendo a lista dos aprovados, somente eu, daquela lista, não tinha curso superior. Deus me deu inteligência e sabedoria, para poder alcançar a nota ideal. Lembro-me que durante todo o tempo de preparação, só tive uma semana para estudar, mas passara aquele ano quase todo orando e pedindo a Deus. Creio que na minha vida, naquele momento se cumpriu Mt.6:33 *"Mas, buscai em primeiro lugar o reino de*

Deus e a sua justiça e as outras coisas lhes serão acrescentadas."

Fui contratado em 04 de Outubro de 1989, me casei em 06 de Julho de 1991 e o meu filho nasceu em 11 de Setembro de 1998. Em 2005, começou a nossa luta com a DMD.

Sou grato a Deus por essa providência e estendo essa gratidão à empresa CAIXA ECONÔMICA FEDERAL, por ter me proporcionado esse suporte durante todos esses anos e de forma especial à AGÊNCIA 1824, a qual em meu poema é chamada de MÃE 1824. Ela tem sido para mim, verdadeiramente uma mãe.

— — —— — — — — — — —§§§§§§ — — —— — — — — — — -

AGÊNCIA 1824

Uma grande família, com certeza!

Um exemplo de nobreza,

Um modelo de agência.

Com garra e competência

Cumprindo sua vocação

Sempre atendeu seu cliente

Com muita dedicação.

Todo o ano os mesmos labores

Mas com sonhos motivadores.

Todos somos sonhadores!

Por ver a nossa querida agência

Lutando com excelência,

Para por fim alcançar

A tão sonhada alta performance,

Que nos leva a pontuar

Ante a cobrança que insiste

A nota e o patamar

Do cobiçado CONQUISTE.

Se fosse na mitologia

Seríamos os imortais

Pela garra de todo dia
E pelas metas reais.
Mas somos seres normais
Vivendo essa realidade,
Atendendo a nossa cidade
Com dedicada responsabilidade.

Por essa atitude notória
Ficaremos na história
Registrados em seus anais.
E ainda, lembrando com glória
De todos os nossos gerentes
Que de modo competente
Com garra, sangue e suor
Sempre deram o seu melhor.

Do penhor ao FGTS,
Da habitação ao INSS.
Filas longas? Ninguém merece!
Os caixas? Que nobreza de atendimento
O judiciário? Que garra e desprendimento!
Mas foi com o auxilio emergencial
Que vimos o atendimento cordial,
A competência da retaguarda,
A ousadia da vanguarda,

E a atuação felizarda

Do nosso Gerente Geral.

E num instante final

Em um desfecho magistral

A garra do empresarial.

Enalteço com honra e louvores

Os vigilantes e prestadores,

E todas as mulheres da copa

Pessoas que pouco se nota,

Generosas em seus favores,

Engajadas em grandes labores.

O que dizer das nossas ASVEN

Dos estagiários e do APOIO também

Com todo coração e muita dedicação

Sempre foram muito além.

Desculpem-me os colegas

Se me esqueci de alguém

Ou de algum segmento também.

Neste poema foi citado

Todo aquele que contribuiu

Para o grandioso resultado

Desta agência nota mil.

Arremato esse poema

Enaltecendo a mãe 1824

Que, nos orgulha e envaidece

E a Deus fazer uma prece

Um pedido muito comum

Que todos gozemos de saúde

E não tenhamos receio algum

Para encarar com a mesma atitude,

Com garra e plenitude

Os desafios de Dois Mil e Vinte e Um.

AMOR (*contextualização*)

Decidir falar do amor nesse outro poema com a letra "A", para mostrar quão relevante é o amor. Ele é certamente a mola propulsora da vida, sem ele não haveria harmonia e nem seria possível conter as pelejas. A Palavra de Deus qualifica-o como: "o vínculo da paz", nele está contido tudo o que se precisa para que o mundo seja melhor.

Ele é a virtude que dá abertura a relação daquelas elencadas no fruto do Espírito, está presente nos romances, nos poemas, nas poesias, nos contos e na dramaturgia de modo geral.

O amor é o caminho sobremodo excelente, que também é citado pela Bíblia, a qual nos diz que, qualquer coisa que fizermos se não tiver amor, para nada valerá. É exatamente nas Escrituras que, encontramos as definições do amor e de forma excelente, os seus atributos, narrados com os mais nobres adjetivos.

O amor é sofredor, benigno, não é invejoso, não trata com leviandade, não se ensoberbece, não porta com indecência, não busca seus próprios interesses, não se irrita, não suspeita mal, não tem prazer na injustiça, mas na verdade. Tudo sofre, tudo crê, tudo espera, tudo suporta. O amor nunca falha.

Indubitavelmente é por essa razão que o apóstolo Paulo, quando finaliza o seu argumento sobre os dons, no capítulo 12 da sua primeira epístola aos Corintos, ele nos instrui a procurar com zelo entre eles os melhores, mas termina dizendo: "... E eu vos mostrarei um caminho sobremodo excelente" e em seguida abre o capítulo 13, nos apresentando esse caminho. O amor.

— —— — — — — — — §§§§§§ — — —— — — — — —· -

AMOR

Há três formas de amar,
A primeira (Phileo) amor pelo irmão,
Já a segunda (Eros), é do sexo e da paixão.
A terceira (Ágape) com pureza e veracidade,
Emana da divindade.

Daquelas, o que se sabe e ministra
É que, a primeira é egocentrista,
A segunda embasada na paixão,
Com toda inclinação
Se manifesta egoísta,
A terceira, sendo a melhor da lista,
É desprendida, abnegada e altruísta.

Dizem que para o amor não há definição,
Pois para muitos foge do entendimento.
Mas, será que tal pensamento
Não é engano do coração?
Quem pensa dessa forma,
É porque não conhece a norma
E não tem sua mente aberta.
Para perceber a descoberta
Que a Palavra de Deus é a fonte certa.

Ele é paciente, é benigno;

Não é invejoso; não trata com leviandade,

Não folga com a injustiça,

Mas folga com a verdade;

Não se ensoberbece.

Trata com pudor,

Não busca os seus interesses,

Não se irrita, nem guarda rancor;

Tudo crê, tudo espera,

Tudo suporta, é sofredor,

Nunca falha, o amor.

Alguns não acreditam,

Outros se limitam

Apenas a dar o ouvido,

E há aqueles que dizem: duvido!

Mas, finalizo essa reflexão

Dizendo de coração,

Que não há melhor definição

Para algo de tamanho valor,

Legado à toda criação.

Obra do Criador.

AMIGO (*Contextualização*)

Essa palavra para mim tem grande importância e relevância, creio que ninguém pode viver bem se não tiver amigos. Eles são de certa forma, uma proteção que Deus nos dá nesta vida. Todos os nossos momentos, sendo maus ou bons, quando temos amigos, podem ser melhor vivenciados, e muitas vezes os sofrimentos mitigados, pois por eles podemos ser aconselhados, confortados, consolados, animados e supridos a todo momento.

O autor da canção a qual diz que, amigo é coisa para se guardar no lado esquerdo do peito, falou de forma acertada sobre esse nobre personagem, pois de fato o amigo deve ser guardado no coração, deve ser eternizado em nosso testemunho e preservado em nossa memória para sempre.

Eu e minha família temos experimentado a beleza da amizade de amigos tão nobres, os quais fizeram e fazem parte da nossa história, sem eles a nossa história não seria completa.

Aqueles que pensam que, a vida pode ser conduzida sem amigos, não conseguem entender um princípio básico da vida, quando as escrituras nos dizem: "É melhor serem dois do que um". Essa expressão se refere a todos os tipos de amizade, desde aquela fomentada entre um casal, casados, até o companheirismo de dois amigos, ainda que

não sejam irmãos consanguíneos, na sequencia a Bíblia diz a importância da aplicação desse princípio e diz: Se um cair, o outro o ajuda a se levantar e se resistirem a um, o outro está presente para ajudar.

Acredito que, não por acaso, Deus nos presenteou com alguns provérbios que falam desse maravilhoso personagem, ao ponto de nos dizer que há amigo mais chegado que um irmão, tal é a sua relevância em nossas vidas, que o Senhor dá a ele a conotação de um companheiro que sobrepuja a atuação de um irmão.

Essa poesia, foi feita especialmente para honrar cada um desses amigos. Cada um deles, com seu jeito peculiar, nos auxiliou, nos ajudou, nos supriu e nos abençoou.

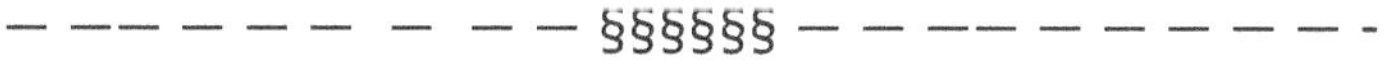

— —— — —— — — —— §§§§§§ — — —— —— —— — —— -

AMIGO

Amigo, palavra pequena, mas de grande significado, demonstrada em poemas, músicas, literaturas e inclusive nas Escrituras, as quais afirmam com muita precisão que, o amigo ama em todo o tempo; E para a angústia nasce o irmão.

Há uma canção que diz que amigo é coisa para se Guardar do lado esquerdo do peito. Sim! O lado do coração. É fato que amigo, tem de todo jeito; Tem até amigo do peito!
Tem amigo na dor, amigo no amor;
Amigo na dificuldade, amigo na tranquilidade;
Amigo na desesperança, amigo na bonança;
Amigo na angústia e aflição, amigo na celebração;
Amigo na tristeza e nostalgia, amigo na alegria;
Amigo no desespero, e amigo no esmero;
Amigo na falta e no momento, amigo no suprimento;
Amigo na ausência e amigo na presença;

Enfim! Amigo para todo instante, gosto e momento. Se tem algo que não nos pode faltar, é o amigo! Quando tudo para nós parece perdido e desabando, Lá esta ele prontamente se doando.

Não foi por acaso, que o Senhor Jesus disse aos seus discípulos: Não vos chamarei mais de servos, mas de amigos. Afirmando que o servo não sabe o que faz o seu senhor. Mas, que o amigo de tudo é sabedor.

Valendo-me das Escrituras, proponho finalmente uma declaração e digo em todo tempo se faz um amigo. Mas há amigo, mais chegado que um irmão. Posso afirmar com toda sensatez que, nos meus momentos mais difíceis de dor, desespero e escassez, Deus me supriu com muitos amigos; Esses amigos são vocês.

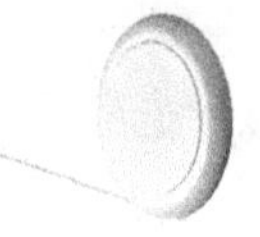

BATISMO (*Contextualização*)

Contemplei esse bendito sacramento, com um poema, pois ele é um dos maiores eventos que podem acontecer na vida de alguém. O primeiro, é o nosso nascimento, mas infelizmente nascemos no reino das trevas, embora até o último dia da idade da inocência, Deus nos faz herdeiros do seu reino. Ao atingirmos a idade da razão, devemos voluntariamente mediante um ato de arrependimento, tomar a decisão de querer entrar para o seu reino, essa decisão deve ser iniciada com a fé na obra redentora de Cristo Jesus e consumada pelo batismo nas águas, o batismo em Cristo, o segundo maior evento.

Por essa razão, a Bíblia não apoia batizar crianças, pois esse evento requer que haja primeiramente arrependimento e um bebê, não tem faculdade suficiente para discernir entre o certo e o errado, o bem e o mal, não necessitando, portanto, de arrependimento, por não ter do que se arrepender. Jesus quando falou das criancinhas disse: *"Deixai vir a mim as criancinhas e não as empeçais, pois das tais é o reino de Deus"* (Mt. 10:14).

Longe de ser apenas um ato público da nossa fé, o batismo é a nossa inclusão em Cristo, a Palavra de Deus diz em Gl.3:27 que, quando somos batizados em Cristo somos revestidos dEle, portanto, seremos um com ele, faremos parte do seu corpo, pois nos tornaremos seus membros e Jesus, a cabeça desse corpo, que é a sua Igreja e a família de Deus.

Esse poema é uma forma de gratidão a Deus, por essa bendita possibilidade de poder inserir no seu reino todos aqueles que o desejarem, entre os quais eu sou um dos participantes, por ter tomado essa decisão com 25 anos e permanecer nela até hoje.

Sou uma testemunha viva dessa realidade espiritual, pois a experimentei e vivencio até hoje os seus efeitos.

— —— — —— — — —— §§§§§ — — —— — —— — —— -

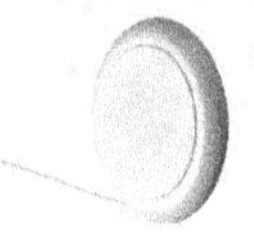

BATISMO

"Porque todos quantos fostes batizados em Cristo de Cristo vos revestistes" (Gl.3:27).

Pensam alguns ser apenas um evento qualquer;

Outros, um ato público da nossa fé,

Mas quero refutar tal pensamento

E dizer que, mais que um mero evento

Esse nobre sacramento,

Surgiu na mente de Deus,

Que na pessoa de Jesus

Inclui todos os filhos seus.

Mais que uma mera ação,

O Santo Criador,

Me propôs uma solução,

Inspirada pelo seu amor,

Para que através da cruz,

Da fé em seu filho Jesus,

Crendo nele somente,

Recebesse gratuitamente

Com ousadia e devoção

Essa tão grande salvação.

As escrituras sagradas

Em Gálatas 3:27,

Ordena a todo que se converte

Obedecer esse mandamento

E através desse sacramento,

Colocando a sua fé nisto,

Crendo ser mais que um mero evento,

É a sua união com Cristo.

CASAMENTO (*Contextualização*)

Esse é o terceiro maior evento das nossas vidas, através dele, damos cumprimento a uma ordem do Criador a ordem da procriação, e mais que isso, a de formarmos mais uma família que coopere com o seu propósito eterno de povoar o seu Reino com muitos filhos parecidos com seu filho amado Jesus.

Infelizmente, hoje em dia, o casamento não tem sido feito e entendido com os princípios estabelecidos por Deus. Vemos que ele, para o mundo é uma tentativa, as pessoas o fazem com o pensamento de que não dando certo, se divorciam e tentam outro, até poderem encontrar o tão sonhado caminho da felicidade. Aqui está o grande erro, para Deus, o casamento deve ser uma assertiva, pois é de cunho eterno, segundo as regras do Criador, não pode ser desfeito. Essa afirmação está nas palavras de Jesus, quando diz: *"Assim, não são mais dois, mas uma só carne. Portanto, o que Deus ajuntou não o separe o homem"* (Mt. 19:6).

Fiz questão de lembrar esse terceiro evento, mais um dos nobres sacramentos, para realçar o valor que ele tem e a sua relevância diante dos descasos e omissões da sociedade. Através dele, inicia-se a cada realização mais uma família, a qual sempre foi considerada como uma célula da sociedade, célula esta que, enobrece e enriquece os valores, preservando-os através de suas práticas em obediência aos princípios de Deus.

— —— — — — — — — §§§§§ — — —— — — — — —— -

CASAMENTO

Um grande evento da vida

Idealizado pelo Criador,

Com princípio absoluto

Decidido por ato mútuo

Permeado pelo amor.

Deixará o homem pai e mãe

Se unirá a sua mulher,

Não de um jeito qualquer,

Mas do jeito que Deus quer;

Uma só carne se tornarão

Vivendo essa relação,

Com singeleza e amor

Expressando com certeza

O caráter do Criador.

Formarão uma nova família

Com seu aspecto peculiar

Observando o mandamento

Com alegria e discernimento

Transmitirá de modo afável

Com compromisso e fervor,

A prova incontestável

Da existência do Criador.

O casamento com certeza

Transmite-nos com nobreza,

O desejo do Criador,

Que através do seu amor

A um feito nos aduz

E por ele nos conduz

Levar os nossos filhos

A semelhança de Jesus.

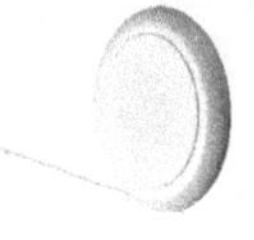

DEUS (*Contextualização*)

Não poderia jamais deixar de fazer um poema para o nosso amado Papai do Céu. Ele é o nosso Criador, o nosso Pai amado, Ele é a razão de estarmos vivos. Embora muitos não acreditem nele, ou na sua existência ou no seu poder, Ele continua sendo Deus.

Acredito que a maior proeza que o diabo (o adversário), inimigo das nossas almas consegue através dos seus enganos e mentiras é convencer os homens e imputar neles uma incredulidade tal, que deixam de acreditar no óbvio. A própria criação testemunha e confirma a existência do nosso Deus. O salmista Davi, fez vários salmos poéticos, declarando a sua existência e a operação do seu poder. *"Os céus proclamam a sua glória e o firmamento anuncia as obras das suas mãos"* (Sl.19:1).

Ele está em todo lugar, nada pode contê-lo, o céu é onde está o seu trono e como dizem as Escrituras a terra é o estrado dos seus pés, mas o seu desejo é habitar em um lugar tão pequeno e ao mesmo tempo muito extenso, o coração do homem.

Não há nenhuma ciência ou fonte qualquer que explique o nosso Deus, o homem jamais conseguirá definir de forma tão limitada um Deus tão ilimitado, nunca conseguirá, mesmo que tente, através de conclusões filosóficas explicar ou definir o seu Ser. Ele simplesmente é. Por isso quando se apresentou para Moisés disse: "Eu Sou o que Sou"

Esse singelo poema, fiz para honrar, exaltar e glorificar o meu Pai Celestial. Sei que as palavras aqui escritas são pobres para apresentá-lo, mas por dentro de cada uma delas, há um profundo sentimento de amor, gratidão, louvor e adoração. Deus não vê somente por fora, vê essencialmente por dentro, certamente não se importará com a pobreza da palavra escrita, mas com a nobreza da sua significação e com a sinceridade com a qual expresso todas elas.

— —— — — — — — — —§§§§§§ — — —— — — — — — —— -

DEUS

Há um hino que diz,

Dos crentes aos ateus,

Dos cristãos aos judeus,

Ninguém explica Deus.

Obviamente Deus, ninguém explica,

Ou se duvida ou se acredita.

Ele está em todo lugar,

Nada pode contê-lo

Mesmo tendo amplidão

Ele habita no alto céu,

Em seu trono de exaltação

Mas também está presente

Com o contrito de coração.

É impossível fugir do seu Espírito,

E ainda da sua presença.

Se subir ao céu, Ele ali está,

Se fizer a cama nas profundezas, alí estará também

Se levanto voo para as margens da aurora

E para o mar além

Ali estará também

Mesmo ali a sua mão me guiará

E a sua destra me susterá

Se tentar me esconder nas trevas

Isso seria utopia,

Para Ele o dia é como a noite

E a noite é como o dia.

Muitos quiseram vê-lo

Outros, conhecê-lo

Somente para Moisés

Ele se apresentou,

Pelas fendas da rocha,

De onde o contemplou,

Mas a sua face não viu

E em seguida o inquiriu,

Como te apresentarei?

E o seu nome perguntou,

Deus então respondeu:

Eu Sou o que Sou.

Quando te perguntarem um dia

Ainda que ninguém ousou,

Responda com ousadia

O Eu Sou me enviou.

Deus é paz, alegria e Luz,

A nós se apresentou na pessoa de Jesus

Que através da sua fiel Palavra,

A qual é verdadeira e não mente

Afirmou categoricamente

Ao entendimento comum

Com palavras eloquentes

Eu e o Pai somos um.

ESPÍRITO SANTO
(Contextualização)

A terceira pessoa da trindade santa, tão importante quanto o Pai e o Filho, é o Espírito Santo, foi participante integralmente da criação. Algumas pessoas dizem não compreender como pode ser isso, três pessoas em uma só. Creio que o melhor exemplo é a água. Assim como Deus, ela não tem forma e está praticamente em tudo, a sua composição se define em três estados: Sólido (Gelo) Líquido(água) e Gasoso (vapor). São estados distintos, mas todos na essência são, água. Assim é Deus, por isso que a Bíblia quando faz a sua primeira apresentação, usa a palavra hebraica אלהים *'elohiym* (palavra plural para deuses - plural intensivo de sentido singular).

O Pai quando Criava, idealizava o que queria criar, a palavra (logos), o filho, concretizava e o Espírito executava. Toda a feitura da criação foi executada pelo Espírito Santo.

Precisamos entender a importância dessa Santa e Bendita Pessoa. Quando Jesus estava para retornar ao céu, disse que ia, mas nos enviaria o outro consolador, o Espírito Santo, Ele foi enviado para presidir sobre a Igreja e guardá-la até o dia do seu arrebatamento. É importante entendermos a sua atuação em nossas vidas. Jesus disse que ele viria para nos ensinar, nos corrigir, nos admoestar, nos consolar, nos fazer lembrar e nos animar. Viria para curar, restaurar, libertar e por fim, não viria para falar de si mesmo, mas para glorificar o Filho.

Percebem que grande relevância tem a sua pessoa? O Pai deu ao filho a responsabilidade da Propiciação, da expiação, da redenção, da reconciliação, através das quais, operou o resgate da raça humana, para trazê-la de volta para ao seu Reino, criando a sua Igreja. Antes de ser assunto ao céu, Jesus deixou o Espírito Santo, para cuidar, direcionar e presidir sobre ela, até o dia em que virá buscá-la.

Embora a Bíblia não nos ensina adorar ou exaltar o Espírito Santo, até mesmo porque o próprio Jesus disse que Ele viria essencialmente não para apresentar a si mesmo, mas ao Filho e glorificá-lo, fiz um poema dedicado a Ele, a fim de apenas realçar a sua importância como o nosso PARACLETO, o outro consolador.

— — — — — — — — — — §§§§§§ — — — — — — — — — — - -

ESPÍRITO SANTO

Foi nos apresentado pelo Senhor

Como o outro consolador,

O Espírito da verdade

A terceira pessoa da Trindade,

Veio para nos ensinar,

Para nos fazer lembrar.

O mundo não o conheceu,

Nem mesmo a sua voz,

Mas nós o conhecemos,

Ele habita dentro de nós.

Deus nos deu como selo,

O penhor da nossa herança

Que nos faz transpor o véu

Da bendita esperança

A qual teremos no céu.

Ele convencerá o mundo,

Do pecado, justiça e juízo

Mas aquele que tiver bom siso,

A ele dará ouvido

E buscará a sua luz

Não veio para falar de sí mesmo,

Mas, para glorificar a Jesus.

É quem produz vida de santidade,

Do Cristo que em nós habita

Da Palavra da verdade

Para aquele que acredita

Uma fé regada com pranto

Sofrimentos? Nem se sabe o quanto;

Pelas sábias orientações

E as eternas consolações

Do Bendito Espírito Santo.

FAMÍLIA (*Contextualização*)

Um projeto de Deus, idealizado na criação. Vendo Deus que não era bom que o homem estivesse só e permanecesse assim, criou a partir da sua costela, a mulher que lhe seria por adjutora, uma espécie de ajudadora idônea. *"E disse Adão: Esta é agora osso dos meus ossos e carne da minha carne; esta será chamada varoa, porquanto do varão foi tomada" (Gn.2:22).*

Mas, o Senhor não deixou que o homem a possuísse sem lhe impor um compromisso, uma responsabilidade, por isso criou o casamento com a ordem seguinte: *"Portanto, deixará o varão o seu pai e a sua mãe e apegar-se-á à sua mulher, e serão ambos uma carne" (Gn 2:24).* A partir dessa união, vem a ordem da composição da família: *"E criou Deus o homem à sua imagem; à imagem de Deus o criou; macho e fêmea os criou. E Deus os abençoou e Deus lhes disse: Frutificai, e multiplicai-vos, e enchei a terra, e sujeitai-a..."(Gn.1:27-28).*

Através da família, Deus estabelece o padrão moral e solidifica os seus princípios, que foram perpetuados desde a criação até os nossos dias. Não é por acaso que satanás tem investido exaustivamente contra esses princípios, invertendo os seus valores, redefinindo conceitos e deformando completamente o meio social, a fim de desconstruir a família. Ele sabe que se conseguir essa proeza, colocará em cheque a própria existência do Criador.

Mas, aqueles que conhecem a Palavra de Deus, sabem que ele já está derrotado, sobre ele está dada a sentença e a sua derrocada. Mesmo que tente não conseguirá. A família é um projeto de Deus e permanecerá até o fim cumprindo o seu eterno propósito.

Esse poema é para todos nós um lembrete da importância e relevância dessa nobre instituição da qual cada um de nós deverá ser guardião e jamais macular o seus princípios ou mudar o seu padrão.

— —— — — — — — — §§§§§§ — — —— — —— — — — -

FAMÍLIA

Idealizada pelo criador

Com detalhes e muito amor,

Onde reina paz e alegria

Mantida por todo dia

Berço e amparo dos seus,

Personificado na família

Como um projeto de Deus.

Formada por um homem e uma mulher,

Por definição do Criador,

Que deixando a casa dos pais,

Se aliançam em amor

Independente se rico ou pobre,

Concretizando esse projeto nobre

Se pretos ou brancos, reis ou plebeus

Produz em ambiente santo,

Muitos filhos para Deus.

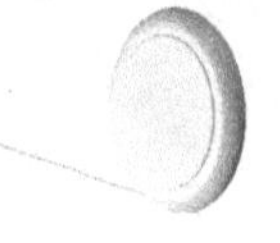

FILHO (*Contextualização*)

Sem sombra de dúvidas, eles são herança de Deus para os pais, ter um filho é um evento maravilhoso, as palavras não são suficientes para explicar o misto de emoções que brota no coração dos pais. Deus em sua infinita sabedoria capacitou o ser humano criado a sua imagem e semelhança à façanha da procriação, isso é algo inefável, ainda que quiséssemos definir ou dar qualquer conotação, não teríamos palavras suficientes.

Os lares seriam incompletos sem eles, a presença deles preenche as lacunas e faz com que a casa seja enriquecida com alegria e muita exultação. Por isso, a Palavra de Deus nos diz que bem aventurado é o homem que enche deles a sua aljava, comparando os filhos como as flechas nas mãos de um guerreiro.

Aprouve a Deus que, os filhos fossem uma extensão dos pais, eles são como um membro do nosso corpo, por essa razão é que os pais sofrem muito com a desventura dos filhos e muito se alegram pelo sucesso deles.

Indubitavelmente, a mais triste e dolorosa experiência é quando se perde um filho, não há dor que se compare a dor dessa perda, nem mesmo quando se perde um pai, uma mãe ou um irmão. Para exemplificar essa dor, digo que quando se perde um desses entes queridos que acabei

de citar, é como cortar os cabelos ou as unhas; estaremos tirando algo do nosso corpo, mas sem dor. Quando perdemos um filho, é como nos amputar um braço ou uma perna sem anestesia, estaremos perdendo um membro do corpo com dores extremas. Somente O Espírito Santo pode dar a consolação e o tempo mitigar os impactos de tamanha dor.

Esse poema é uma tentativa de mostrar com a graça poética o quanto é maravilhoso receber esse presente de Deus, vivenciando com ele cada momento da vida, desfrutando de cada fase e cada momento.

— —— — — — ·— — §§§§§ — — —— — — — — -

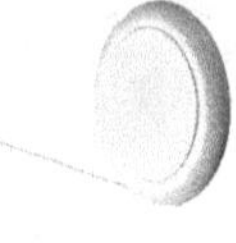

FILHO

Uma Parte de nós, unida ao coração, como um membro do nosso corpo, tal como as notas de uma canção. Fruto de um ilimitado amor, que nos é dado como uma dádiva pelo bendito Criador.

São herança do Pai Celestial, uma nobre recompensa um presente sem igual, que contagia as emoções dentro dos corações; Causando uma dor atroz, um dia eles se vão voando como albatroz.

são como flechas nas mãos de um guerreiro, com toda sagacidade, acerta prontamente o alvo, são filhos da mocidade, do modo como se flechava, do jeito como se forjava , feliz, portanto, é o homem que deles enche a sua aljava.

Expressamos com alegria, o desejo de tê-los um dia, com muita exultação, e todos os sentimentos que emanam do coração, agradecendo a nosso Deus, que abençoando os filhos seus, nos enche de galardão, nos concedendo ter filhos, como fruto da nossa união.

Com o peito apertado como num espartilho, declaro sem empecilho, narrando em estribilho, a definição de um filho:

Que a emoção põe no trilho;

Que nos comanda como um caudilho;

Ampara-nos como um Castilho;

Guarnece-nos como um artilho;

Adorna-nos como um ladrilho;

Acende-nos como um rastilho;

Enfeitam-nos como vidrilho.

E ao coração dá o brilho.

GRATIDÃO (*Contextualização*)

A palavra gratidão tem a sua origem no latim "gratia" que tem seu significado na palavra graças ou gratus que em sua tradução ao pé da letra significa agradável. Sendo assim, entende-se que a gratidão denomina-se pelo entendimento de ser grato a algo que recebemos, sendo ele bom ou ruim.

É notório, que o homem natural, muitas vezes tem dificuldade de externar gratidão, por faltar humildade e o desapego à soberba. Gratidão é um sentimento poderoso e verdadeiramente transformador, porque nos capacita a identificar, reconhecer e valorizar aquilo que recebemos.

A maior prova dessa falta de reconhecimento foi a cura dos dez leprosos feita por Jesus. Naquele episódio o Mestre diz que somente um deles voltou para agradecer e realça o fato de que aquele que voltara era um estrangeiro, não era um judeu. Ensinando-nos com isso que, gratidão não tem pátria, ela é fruto de um coração humilde e que sabe ser grato por aquilo que recebe.

Oportunamente escolhi na letra "G", fazer dois poemas e um deles é sobre gratidão, para reforçar o quanto é importante externarmos sempre este sentimento, principalmente ao nosso Deus e Pai, que por intermédio do seu filho amado Jesus, nos deu gratuitamente a salvação,

mesmo não sendo nós, merecedores de tão grande feito, ele simplesmente nos amou e decidiu através da salvação nos trazer de volta para si. E aos nossos semelhantes, externarmos tal sentimento, como um ato de reconhecimento por aquilo que recebemos. A gratidão faz bem tanto para quem externa pelo benefício recebido, como para aquele que é o benfeitor. É um sentimento que faz bem ao coração.

— —— — — — - — — §§§§§ — — —— — — — — — -

GRATIDÃO

É o ato de agradecimento,
Que sai da alma de quem reconhece
O favor imerecido,
Com o coração agradecido,
Àquele que compadece.

Nem todos tem essa virtude,
De reconhecer o favor recebido,
Mas somente com humildade,
Com atitude e simplicidade,
Se tira do coração
Que expressa com sinceridade
O ato de gratidão.

Jesus, o nosso Senhor,
Foi abordado por dez leprosos,
Que lhe suplicava com fervor
Que os livrassem da dor.
O Mestre naquele instante
Resolveu compadecer
Concedeu-lhes o favor
E admirado observou
Entre os dez, somente um,
Voltou para agradecer.

Ser grato é uma obrigação
Para aquele que reconhece
Que, ainda que não merece
Deve externar do coração
Palavras de reconhecimento
Como ato de gratidão.

Todo homem deve agradecer
Com muita contrição
E louvar ao nosso Deus
Por tamanha compaixão
Ao ver seus filhos perdidos
Enviou seu Filho querido
Que na cruz fora ferido
Dando ao mundo a salvação

GRAÇA (*Contextualização*)

Graça é um favor imerecido ou algo concedido livremente por DEUS para alguém que não o merece, não é digno; é um presente que recebemos sem méritos próprios, com uma única e exclusiva motivação: o amor de DEUS para conosco O Senhor em sua infinita misericórdia decidiu nos trazer de volta para Ele.

Sendo um favor imerecido, isso por si só nos torna totalmente dependentes de Deus, pois tudo que somos e temos provém dEle. Foi Ele quem nos criou. Vendo a nossa miséria, nos amou primeiro e estabeleceu em Cristo Jesus o plano da salvação, incluindo o mundo todo, sem exceção. Basta lembrarmos as palavras do apóstolo Paulo quando diz: *"Porque pela graça sois salvos pela fé e isso não vem de vós é um dom de Deus" (Ef.2:8).*

Se não fosse pela graça, todos nós estaríamos eternamente perdidos. Desde a sua queda, o homem se viu separado de Deus e sem condições de retornar para Ele. Ainda que se esforçasse, que quisesse pagar pelos seus delitos, que tentasse expiar seus próprios pecados, jamais conseguiria. Paulo também disse que *"todos se extraviaram; juntamente se fizeram inúteis. Não há quem faça o bem, não há nem um só"(Rm.3:12).*

Quanto pensei em fazer os poemas com a letra "G", pensei nessas duas palavras: "Gratidão", que é a minha parte, a atitude que devo ter, ante os favores imerecidos de Deus e, "Graça", a parte de Deus. Ele sabia que sem a sua graça, não poderíamos retornar ara Ele. Finalizo com

as palavras do apóstolo Paulo aos Romanos: "*Porque, se, pela ofensa de um só, a morte reinou por esse, muito mais os que recebem a* **abundância da graça** *e do dom da justiça reinarão em vida por um só, Jesus Cristo*" (Rm 5:17).

— —— — — — — — - §§§§§ - — — —— — — — — — -

GRAÇA

Favor imerecido de Deus,
Que concede com amor
Exercitado com fervor
Contempla os filhos seus.

Cada um tem sua graça,
Que lhe dá capacitação,
Para exercer o seu dom
Com afinco e dedicação
Foi dada sob medida
Essa graça imerecida
A nós foi concedida
Pelo autor da criação.

Dele todos recebemos
Graça sobre graça,
Para que por ela se faça
A obra que lhe satisfaça
Portanto, do coração externo
Como num ato fraterno,
Cumprir através dessa graça
O seu propósito eterno.

HONRA (*Contextualização*)

A honra, é a outra nobre atitude que é peculiar daqueles que entendem o que significa o princípio de autoridade e o reconhecimento àqueles que devem ser reconhecidos. Quando falo de honrar, estou falando de uma atitude que através de um princípio de comportamento externo sentimentos pautados em valores bondosos, como a honestidade, dignidade, louvor e outras características que são consideradas socialmente virtuosas em prol daquele que tem o direito.

Vale lembrar que a palavra hebraica para **"honra"** é **kabed**, que significa reconhecer o peso de uma pessoa, e sua autoridade, podendo ser traduzida por "sustentar", "pagar a conta". É não deixar de fazer esse reconhecimento e fazê-lo sempre como um estilo de vida. Já no grego, **"honra"** é "**timao**", que significa: estimar, fixar o valor, ou reverenciar. Veja que ambos os significados apontam para um ato de estima e de dar o valor a quem de direito.

Quando damos a honra, estamos fazendo o que é justo, pois no mínimo é o que se deve fazer a alguém que nos serviu, nos amou, nos deu cuidados, nos supriu etc. Nesse poema, fiz questão de lembrar da honra aos pais, a qual Deus fez questão de propor como o primeiro mandamento com promessa. E na sequência apresento alguns sinônimos da sua significação.

Honrar para mim, é uma obrigação para aqueles que conhecem a Deus e os seus princípios, aqueles que se preocupam tanto com esses princípios, como com os seus mandamentos. Não poderia deixar de honrar a "honra", com um poema, dando a ela o seu devido valor e reconhecimento, entendendo que quando honramos, estamos fortalecendo os valores e confirmando os princípios que são tão basilares e salutares para uma sociedade onde todos de igual modo se prezam, se respeitam e se amam ao ponto de ter como estilo de vida essa prática tão necessária de honrar e valorizar as suas autoridades e seus heróis.

— — — — — — — — - §§§§§§ - - — — —— — — — — — - -

HONRA

Princípio de comportamento
Baseado em nobres valores
Externados por sentimentos
Tributados em louvores.
Norteados pela bondade,
Admiração e respeito;
A honestidade é outro conceito
E a integridade tem seu efeito,
A dignidade encontra o seu jeito
E a veneração o seu preito.

Aos pais ela se fez um mandamento,
Por ser justo e agradável ao Senhor
Ordenado como atitude dos filhos,
Em uma promessa que nunca se encerra
Formulada por garantias,
Viverá bem e com longos dias
Sobre toda a face da terra.

À honra, muitos significados atribui
Todos apresentados com citação
Muitos sinônimos, entretanto,
Compõem a sua definição.

Dignidade, Honradez e Retidão;

Honestidade, grandeza e distinção;

Probidade, apreço, estima e reputação;

Respeitabilidade, destaque, honraria e tributação,

Honorabilidade, louvor, preito e premiação.

Integridade, apreço, homenagem e consideração;

Por fim! Seriedade, respeito, ética e retidão.

IGREJA (*Contextualização*)

Por motivos de tradição, daqueles ensinamentos passados de pais para filhos e por um vício de linguagem da sociedade, muitos pensam que igreja é o templo ou uma estrutura edificada, às vezes de alvenaria, outras vezes de madeira ou qualquer outro tipo de material; Essa definição é equivocada, o templo, a casa, o ginásio, o terreiro a céu aberto, o salão, e tantos outros ambientes, são lugares, onde a igreja poderá se reunir. Igreja, no seu significado mais ortodoxo é "Assembleia", "uma reunião de pessoas", é o ajuntamento dos iguais, daqueles que foram comprados e resgatados pelo bendito cordeiro, que verteu o seu sangue por ela.

A Igreja, indubitavelmente é o maior e mais importante organismo que esse mundo já conheceu. A sua importância e relevância é de tamanho valor que a história reescrita por Deus, começa com ela, pois a idade antiga foi contada de forma regressiva até chegar ao nascimento de Cristo no Ano I "Ano Domine" No primeiro século dessa era, Jesus edifica a sua Igreja. Embora tenha sido perseguida, humilhada, corrompida e maltratada, ela sempre resistiu aos mais fortes e graves ataques e intemperes, mas sempre permaneceu e existe até os dias de hoje.

Na revelação dos tempos do fim, o apocalipse abre a sua narrativa, quando João tem a visão da pessoa de Cristo e logo em seguida o Senhor envia cartas ás sete igrejas da Ásia. Em meio a turbulência apocalíptica, ela é por fim arrebatada e no final aparece no céu com o Senhor.

Veja que interessante, não é à toa que ela é vista como "A NOIVA DO CORDEIRO". O meu poema a essa tão nobre noiva, é uma forma de honrá-la por seu valor e sua importância, ela agrega sem distinção todos aqueles que querem um relacionamento com Deus.

- — —— — — — — — - §§§§§§ — — —— — — — — — — - -

IGREJA

Corpo de Cristo,
Organismo vivo,
Edificado sob princípio
Eterno e expressivo.

A comunidade dos crentes,
Que vive intensamente
A prática do amor fraternal
Tributando honra e louvor
Ao Pai celestial.

Não é uma construção de tijolos
Pedra ou armação,
É a reunião dos crentes,
Daqueles que são diferentes
E são chamados cristãos.

Que ama e cuida dos seus
Que zela, vela e festeja;
Ela é a igreja.
A grande família de Deus
Formada por todos os povos
Sejam velhos ou novos,
Tanto gentios como judeus

JESUS (*Contextualização*)

Jesus é o personagem sem igual na história, quando ele diz que é o Alfa e o Ômega, o Princípio e o Fim, está dizendo que tudo começa com Ele e termina com Ele. Certamente uma das maiores revelações sobre ele foi narrada pelo apóstolo João quando diz: *"No princípio, era o Verbo, e o Verbo estava com Deus, e o Verbo era Deus. Ele estava no princípio com Deus. Todas as coisas foram feitas por ele, e sem ele nada do que foi feito se fez. Nele, estava a vida e a vida era a luz dos homens"* (Jo 1:1-4).

Toda a criação foi feita por Ele, nada que fora criado seria possível vir a existência sem Ele. A própria história o tem como a sua maior referência, ela se desdobra antes de Cristo "a.C." e depois de Cristo "d.C." Jesus é o Deus que se fez homem, e trouxe aos homens a maior mensagem de todos os tempos "O Evangelho", "As Boas Novas" do Reino de Deus.

Deus o exaltou de tal maneira que deu a ele um nome, que estaria acima de todo nome. É sabido que nenhum nome na história é tão lembrado e citado como o seu nome. Todos que morreram, nos séculos passados ou até em décadas passadas, não são mais lembrados, não há menção dos seus nomes e nem lembranças dos seus feitos. Jesus é citado e lembrado até hoje.

O meu poema tributado a Ele é uma forma de adoração e louvor mesmo que seja um pequeno poema, mas uma grande homenagem. No próprio poema digo que não há palavras suficientes para uma precisa definição, mas as muitas definições do seu nome são mais que suficientes para uma completa apresentação dessa divina pessoa. JESUS.

- — —— — — — — — - §§§§§ — —— — — — — — — -

JESUS

Simplesmente incomparável, acima de todo homem, anjos e potestades. Recebeu o nome, acima de todo nome e de qualquer autoridade.

Não há como apresentá-lo, com apenas uma definição, o seu ser é todo abrangente, inclusivo e convergente, Autor da criação.

O Pai o glorificou, e lhe deu toda autoridade, colocando-o acima de todos, em plena exaltação, de caráter singular, não tem como qualificar em uma única definição, nos significados dos seus nomes está a melhor apresentação:

Ele é o Alfa e o Ômega, Advogado, o Amém, o Amado, o Filho Amado também. Estrela da Alva, Autor da Salvação, Anjo do Senhor, Consumador, Bispo de nossas Almas, nosso Consolador.

Autor da vida, Noivo, Ungido de Deus, Legislador, Verbo da Vida, Mediador Cordeiro Bendito, nosso Senhor.

Cordeiro de Deus, Cordeiro Pascoal, Cabeça da Igreja,
Pedra Espiritual. Justo Juiz, Cristo de Deus, o Caminho
Deus soberano, Rei dos Judeus.

Deus conosco, Emanuel, Cabeça do Corpo, Senhor do
Céu, Digno, Estrela da Manhã, Aquele que Apraz,
Maravilhoso, Conselheiro, Raiz de Davi, Príncipe da
paz.

Filho do Altíssimo, nosso Pastor, Filho do Homem,
Filho de Deus, nosso Redentor, Leão de Judá, Aquele
que Era, que É e Sempre Será. Messias, a Porta,
Pedra de Esquina, Pedra Angular.

Primogênito, Pão Vivo, Pão da Vida, Unigênito,
Nazareno, Sumo Sacerdote, O que Haverá de Vir,
Primícias, Rei dos Reis, Filho de Davi. Todo Poderoso,
Santo e Justo, Misericordioso, Testemunha Fiel, Filho
do Pai, Rei de Israel.

Filho do Deus Bendito, Plenitude da Divindade,
Imagem do Deus Invisível, Caminho, Vida e Verdade.
Batizador com o Espírito Santo, libertador de Israel,
Deus Forte, Pai da Eternidade, o Verdadeiro Homem
do Céu.

Rei das Nações, Descendente da mulher, Eleito de Deus, Filho de José. Governo dos Corações, Desejado de Todas as Nações, Inspirador de nossas Canções. Nossa Fonte de Luz! Ele se chama Jesus.

JUDÁ (*Contextualização*)

O nosso filho nasceu em 11 de Setembro de 1998, nos encheu de alegria, sentíamos naquele momento a realização que alguém poderia ter, foi algo tão eletrizante que, me faltam palavras para explicar o estado de euforia que nos acometeu naquele momento. Sentimos uma transformação total em nossas vidas e em todo o ambiente da família; verdadeiramente naquele momento nós estávamos experimentando com toda precisão o significado da expressão: "presente de Deus", o que definiu a real importância daquele evento para nós, que mudou completamente as nossas vidas e toda a nossa rotina. Eu e a minha esposa, havíamos combinado que se fosse menina ela lhe poria o nome, se fosse menino eu lhe poria o nome. Tivemos então um menino, dei-lhe o nome de JUDÁ, pois tomei como propósito que o nosso filho seria um instrumento de louvor e exaltação a Deus, pois este é o significado do nome de um dos príncipes de Israel. Judá que quer dizer: יהודה **Yehuwdah** Judá = "louvado", "glorificado" ou "exaltado". Este nome seria uma derivação da expressão **hebraica** Yah hu Dah, que era considerada uma exaltação de agradecimento à Deus.

Lendo nas Escrituras, vi um versículo, que por um momento desejei desenhar na parede do quarto preparado para ele, fazendo uma modificação. Percebi que a mãe do

Judá, filho de Jacó se chamava Léia, e a minha esposa se chama (Lucinea), mas tem o apelido de Néia. O versículo dizem assim: *"Léia ficou grávida mais uma vez e teve outro filho. A esse deu o nome de Judá e disse: — Desta vez louvarei a Deus, o Senhor. Depois disso não teve mais filhos"* (Gn. 29:35). A minha transcrição ficaria assim: *"Néia ficou grávida e teve um filho. A esse deu o nome de Judá e disse: — Desta vez louvarei a Deus, o Senhor. Depois disso não teve mais filhos"*.

O poema JUDÁ, mais um na letra "J" é uma homenagem para o meu querido filho e ao mesmo tempo para louvar a Deus, por ter me dado um filho tão abençoado, o qual retornou para Ele. Hoje a sua habitação é o céu.

- — —— — — — — — - §§§§§§ — —— — — — — — - -

JUDÁ

Nome de tom relevante,

De uma tribo importante

Príncipe de Israel,

De onde surgiu o salvador;

O nome Judá para Deus

Entre os nomes judeus,

Revelado em seu teor

É um tributo de Louvor.

Meu filho querido!

De bom grado recebido,

Com dores de parto e gemido

Foi gestado e concebido,

Com muito apreço gerido

Cheio de zelo e cuidado,

Com alegria foi esperado,

Por seu nome consagrado

Judá, meu filho amado.

Cheio de graça e inocência,

Não murmurou em sua carência

Sempre grato pelo suprimento.

Amava a vida em todo tempo

Menino moço fiel

Hoje habita no céu.

Pelo Pai abençoado,

Deixando a todos nós

De coração consolado,

Garoto admirado

Judá, meu filho amado.

Hoje só resta a lembrança

De um filho que partiu,

De alguém que existiu,

Um espírito abnegado

Um coração apegado,

Pelos amigos afeiçoado

Deixou o seu legado

Judá, meu filho amado.

KERIGMA (*Contextualízação*)

Kerigma é uma palavra grega que significa proclamação, pregação, anunciação. É através do Kerigma, que a mensagem é disseminada; Desde os tempos mais remotos, o homem usa o Kerigma quando uma mensagem deve ser comunicada, naqueles tempos onde a tecnologia ainda não existia, toda mensagem que precisasse ser dita a muitas pessoas de uma só vez, deveria ser pregada, proclamada, anunciada, essa ação o grego dá o nome de "Kerigma".

Para nós cristãos o kerigma vai um pouco mais além do simples proclamar, entendemos que cada mensagem kerigmática, vem acompanhada de ânimo, de consolo, de ensino, são mensagens que desperta o coração para nos dá força e nos alerta para a necessidade da obediência aos mandamentos de Deus.

Dei a ela em especial um poema, por entender a sua importância, pois sem ela, a mensagem é incompleta, praticamente sem vida, o realce dado pelo Kerigma é como um foco de luz colocado na palavra que vai produzir um despertamento para a necessidade de uma atenção naquele ponto.

Jesus utilizou muito desse expediente, principalmente quando a mensagem tinha que ser entregue as multidões.

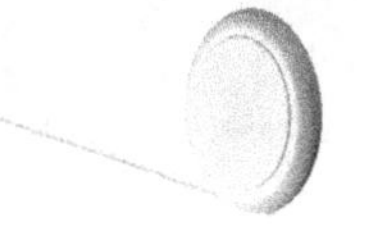

Mesmo sem a ajuda de um microfone, um alto-falante ou uma potente caixa de som, ele se valia da condição favorável daquele ambiente para a boa propagação do som, assim era fácil alcançar muitos ouvintes.

- — —— — — — — — - §§§§§ — — —— — — — — — -

KERIGMA

Kerigma é a proclamação,
Que leva a mensagem
Como uma condução
Por ela todo ensinamento
Abastece o coração.

Kerigma é a locomotiva,
Que conduz em lotações
Os mandamentos ensinados
Através dos seus vagões

Por ela a fé é despertada,
A mente é renovada,
A alma é motivada,
A igreja é encorajada,
O coração é alegrado,
O espírito é vivificado
E o homem é transformado.

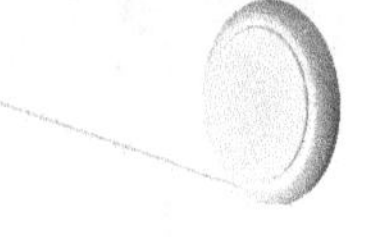

KYRIOS (*Contextualização*)

Uma palavra para nós, que falamos português, tão estranha quanto a palavra Kerigma, ela também é uma palavra grega, que significa "Senhor". É importante salientar que, o significado desta palavra em nossa língua se perdeu, ela se restringe, hoje, a um tratamento. Quando chamamos alguém de senhor, estamos apenas expressando um certo respeito a alguém por ser mais velho de idade

Nas civilizações antigas, ela tinha o cunho de poder, só era chamado de senhor, quem tinha escravos, muitas posses, títulos e insígnias reais. Portanto, era uma palavra com uma conotação bem diferente do que temos hoje.

Quando os discípulos de Jesus diziam Jesus é o nosso Kyrios, estavam declaradamente confrontando o império romano que dava essa definição aos nobres e ao Cezar, ao rei ou imperador. Quando expressavam essa frase "Jesus é o nosso Kyrios", estavam colocando a cabeça a prêmio com risco da própria vida.

Kyrios em meu poema, é um realce que dou ao seu significado real, quando atribuo a Jesus, Ele de fato é o nosso Kyrios, aliás, o único Kyrios.

Deus o exalta dando-lhe um nome acima de todos os nomes, para que por seu nome se dobre todo joelho no céu, na terra e debaixo da terra e que toda língua confesse

que Ele é Kyrios (Senhor) para sua glória. O apocalipse o apresenta como o Cavalheiro montado no cavalo branco que tinha em sua coxa a seguinte frase: "Rei dos Reis e Senhor dos Senhores" que na versão grega é:

Βασιλιάς των βασιλέων και κυρίων των κυρίων.

— — — — — — — - §§§§§§ — — — — — — — — -

KYRIOS

Palavra de grande significado,
Traz autoridade em seu teor
Traduzida por Lorde e Mestre
Definida como, Senhor.

Usada para apresentar
Os atributos de Deus
Conhecido por Adonai
Por seu povo, os judeus,
Reconhecido como Senhor e Pai
Por todos os filhos seus.

Kyrios é Senhor
Um forte significado
Realça com louvor,
O Filho glorificado
Pelo Pai apresentado
Como Cristo Salvador

Digno de toda Exaltação
Após sua ressurreição
Depois da morte e seus martírios
Foi elevado a Senhor e Cristo
Jesus, o nosso kyrios

KEKA (*Contextualização*)

Esse poema para mim é um especial entre os demais especiais, toda a sua estrutura foi elaborada para uma homenagem muito importante. Foi feito para a Jéssica, nossa filha postiça, a amiga irmã do Judá, o nosso filho que faleceu. A nossa história com ela, começa quando conhecemos os seus pais e fomos indicados para cuidar de suas vidas como discipuladores. Lembro-me que, no primeiro dia em que fui a sua casa, a primeira vez que a vi, olhei com olhos de admiração; vi uma meiga menininha de cabelos longos, negros como as asas da graúna (como narra José de Alencar, no romance "Iracema"). Era ainda de tenra idade, mas muito simpática e expansiva. Ficamos muito amigos da sua família e muito bem relacionados. Quando o nosso filho (Judá) nasceu, ela praticamente tornou a sua amiga irmã e sempre estava cuidando dele e lhe fazendo companhia; quando soubemos da patologia que o acometeu, esse cuidado passou a ser mais acentuado. Um detalhe marcante da história foi quando ela estava para escolher o seu curso superior, em uma conversa com seus pais, disse a eles que ia estudar enfermagem por que o curso lhe daria mais condições para cuidar do Judá. Foi uma atitude muito generosa e que nos constrangeu.

Cada momento com o Judá era um marco em sua história, ela acompanhava cada passo, cada detalhe e

Procurava sempre distraí-lo com a sua companhia; as brincadeiras, os jogos, os filmes que assistiam juntos, fazendo com que, embora ele tivesse todas as limitações devido as agressões da sua patologia (DMD), sentisse que a vida valia a pena e que, cada momento deveria ser mais uma aventura a ser vivenciada.

Para o Judá era de fato a sua irmã postiça, ele amava a sua companhia, até agendava os momentos que iam estar juntos para as sessões de filmes e dos games; o nome que dei ao poema é o apelido carinhoso que ele dera a ela: KEKA, uma abreviação de Jéssica, quando ele ainda era de tenra idade. Quando a sua patologia se agravou foi o momento em que ficamos cinco meses internados na UTI, momentos difíceis, terríveis e muito desgastantes; Ela estava lá sofrendo juntamente conosco, chorando as nossas lágrimas e nos dando o suporte que precisávamos. Toda a sua história foi narrada no meu segundo livro *"Como Lágrimas na Chuva"*. Após sairmos da UTI, contratamos um Home Care e a Jéssica foi contratada como enfermeira e passou a cuidar dele bem de perto, até o dia em que ele partiu.

Temos com ela uma dívida impagável, portanto, esse poema é uma singela homenagem à alguém tão especial, e generosa que já conheci, a nossa amada e preciosa Keka.

— —— — — — — — - - §§§§§ - - — — —— — — — — — -

KEKA

Menina moça singela

Beleza rara donzela,

Traços de linda pintura

Desenhada na feitura

De uma linda aquarela.

Jéssica alma bondosa,

Altruísta e caridosa

Pessoa frondosa,

Coração abnegado

Menina valorosa

De valor acentuado.

Que privilégio tê-la conhecido,

Dos seus favores sermos servidos

À Deus sempre agradecemos

Por esse presente que temos,

Esse coração tão querido

Filha que não tivemos.

Irmã postiça do Judá

Companheira, amiga fiel;

Às vezes uma moleca,

Na brincadeira sapeca,

Chamada por ele de Keka

Um carinhoso apelido

Era o seu preferido

Tornou-se um cognome querido.

Fomos confortados,

Assistidos e consolados

Por Deus, agraciados,

Ganhando essa alma bondosa

Como uma filha preciosa,

À quem faço Declaração

Escrita com emoção,

Por tanta dedicação

Externada com gratidão

Amor e consideração;

Te amamos de verdade

Com muita intensidade

Filhota do coração.

LIBERDADE (*Contextualização*)

A definição de "liberdade" capacidade de agir de si mesmo, autodeterminação, independência, autonomia. Pode ser compreendida sob uma perspectiva que denota a ausência de submissão e servidão cegas, mas também pode se relacionar com a questão filosófica do livre arbítrio.

Aristóteles analisou que: "A liberdade é a capacidade de decidir-se a si mesmo para um determinado agir ou sua omissão". Logo, liberdade é o princípio para escolher entre alternativas possíveis, realizando-se como decisão e ato voluntário. Já René Descartes, fundador do Racionalismo moderno associou a liberdade ao conceito de livre-arbítrio.

O homem é livre na medida em que pode escolher fazer ou não alguma coisa sem ser coagido por força exterior. A liberdade compreende a possibilidade de utilizar o livre-arbítrio conforme as vontades e os interesses individuais. Dessa forma, a liberdade torna a pessoa aberta a todas as possibilidades e com a oportunidade de escolher a que melhor lhe convir.

É próprio das ditaduras tolher a liberdade e privar o cidadão dos seus mais sagrados direitos. Estamos vivendo em tempos onde isso tem sido uma realidade. O avanço do comunismo tomando o mundo de assalto, perseguindo as minorias, com os seus nefastos discursos de proteção, enquanto que na prática é falsa proteção e um pretexto claro para caçar as liberdades. O direito mais sagrado da vida.

Esse poema ao mesmo tempo em que traz uma exposição de definições é também um desabafo e uma denuncia ao que estamos vivenciando nesses últimos tempos.   A sutil lei da mordaça na boca do conservadorismo.

— —— — — — — - §§§§§§ — — —— — — — — — -

LIBERDADE

Grau de independência,

Legítimo de cada cidadão

Determinado com suficiência

A um povo e sua nação.

O termo liberdade

É a condição e a capacidade

Do agir por si próprio,

De cada cidadão.

Segundo a filosofia,

Com Independência

E autonomia

Com autodeterminação.

Alguns sinônimos nos dá elucidação

Associando liberdade, com emancipação,

Independência e autonomia,

Iniciativa e soberania.

Outro conceito, não foge à razão,

Definindo liberdade,

Em sua capacidade

Com autolibertação.

Só sabe o que é liberdade
Quem foi escravo um dia,
Quem foi tolhido e privado
Desse direito sagrado.
Se não posso falar o que penso
E nem mesmo discordar,
Isso é sinal de censura
Que amordaça e tortura
É preceitos da ditadura.

MÃE (*Contextualização*)

Essa poesia eu a compus a um tempo atrás, para ser apresentada no dia das mães. Foi um momento de inspiração ímpar orava e pedia a Deus que me desse inspiração para tal composição.

O Senhor me fez lembrar de alguns episódios da vida de algumas pessoas que conheci e de fatos pontuais, como a atitude das mães. Mesmo em situações extremas com relação aos seus filhos, ainda que o pai, os irmãos, tios, avós, qualquer um venha a desistir, as mães jamais desistem, elas vão até a última instância. São capazes de enfrentar qualquer situação ou adversidade para defender e salvar um filho.

Deus então, me lembrou que um amor como esse só encontra na verdadeira fonte do amor, nEle. Daí me veio a mente o título da poesia: "Mãe, centelha do amor divino". Em seguida me vali da palavra de Deus para buscar exemplos que pudessem representar esse amor, encontrei na mãe Ursa, na mãe Águia e na mãe Galinha. Esses exemplos são os que melhor representam o amor de uma mãe.

Por fim, entendi que esse amor é inerente ao coração materno, Deus fez assim, colocou dentro do coração das mães os elementos necessários que dispensam cuidado, proteção, amparo, suprimento e segurança para os filhos, além de todo o ensinamento que ela lhes dá sobre o amor, por isso eu a qualifiquei como a Mestra do Amor por Excelência.

— —— — — — — — - §§§§§§ — — —— — — — — — -

MÃE, *centelha do amor divino.*

A que compararei o seu amor? Amor este, abnegado, protetor, despojado, amigo, cúmplice e ilimitado, amor que sempre vê esperança onde outros não veem que, permanece firme enquanto outros desistem; que compreende enquanto outros duvidam que é altruísta em meio a tantos que portam com egoísmo.

Só há um amor que se compara ao seu: o **AMOR DE DEUS**, pois Deus quando mostra as diversas facetas do seu amor, sempre nos reporta as atitudes de uma mãe. Quando mostrou sua indignação para com Israel, externou a sua ira no exemplo de uma ursa roubada dos seus filhos:

"Como ursa roubada dos seus filhos lhes sairei ao encontro, e lhes romperei as teias do coração; e ali os devorarei como leoa; as feras do campo os despedaçarão." (Os.13:8).

Quando quis mostrar para Jerusalém o quanto queria uni-la e protegê-la disse:

"Jerusalém, Jerusalém, que matas os profetas, apedrejas os que a ti são enviados! quantas vezes quis eu ajuntar os teus filhos, como a galinha ajunta os seus pintos debaixo das asas, e não o quiseste!" (Mt.23:37).

Quando mostrou a sua proteção para com Israel tomou o exemplo de uma águia e disse:

"Como a águia desperta o seu ninho, adeja sobre os seus filhos e, estendendo as suas asas, toma-os, e os leva sobre elas, assim, só o Senhor os guiou..." (Dt.32:11).

Novamente quando quis mostrar o seu cuidado a Israel disse:

"pode uma mãe esquecer-se de seu filho que amamenta, de maneira que não se compadeça do filho do seu ventre? Mas ainda que esta se esquecesse, eu, todavia, não me esquecerei de ti." (Is. 49:15).

Portanto, mãe o seu amor é o único que tem a centelha divina, é o único que se compara ao amor de Deus e que de forma comparativa revela este amor.

Para finalizar quero, em um acróstico traduzir o seu nome com palavras que fazem jus a sua magnitude e que nos expõe de forma maravilhosa a sua grandeza:

Mãe: **M**estra

do **A**mor por

Excelência.

MULHER (*Contextualização*)

Compus Essa poesia há alguns anos, em homenagem as mulheres da Igreja que se reunia na minha casa e por extensão eu a apresentei no encontro geral da igreja no dia internacional da mulher.

Quero salientar que, embora esse dia internacional da mulher esteja muito relacionado com o movimento feminista que surgiu no ano de 1960 com as suas narrativas voltadas para o empoderamento feminino, a pseudo libertação da mulher do machismo ocidental e outras falsas narrativas tendo como sua reivindicação central do movimento contemporâneo, a luta pela "libertação" da mulher. Não a compus com o intuito de homenagear a mulher fazendo coro com essa ideia. A minha intenção foi homenagear a mulher criada por Deus, aquela ajudadora idônea, da qual a Bíblia fala e exalta, por sua submissão, sua beleza, seu desprendimento, seu caráter etc. e não na força proposta pela ideologia feminista deste presente século.

É importante considerar que a mulher não necessita de provar nada, nem de conquistar nada mais além do que aquilo que já foi dado a ela na criação. Quando Deus a criou, tinha em seu coração o desejo de completar o homem dando lhe uma companheira, uma adjutora. Há uma exposição de fatos que gosto muito, quando diz que

Deus tomou da costela do homem para fabricar a mulher, exatamente para que ela estivesse ao seu lado. Não tirou do pé para que não estivesse debaixo, nem da cabeça, para que não estivesse acima, não tirou das costas, para que não estivesse atrás e nem da barriga, para que não estivesse a frente. É uma colocação lúdica, mas com um tom de verdade, pois a mulher não foi feita para ser nem menos e nem mais que o homem; dizemos que Deus os criou iguais em sua forma e valor, diferenciando-os apenas em suas personalidades e funções, determinando que no relacionamento o homem fosse o cabeça da mulher, dentro da hierarquia que ele mesmo criou quando diz: Deus é o cabeça de Cristo, Cristo o cabeça de todo homem e o homem o cabeça da mulher.

Essa poesia é a minha homenagem a esse ser criado por Deus com tanta peculiaridade, belo, maravilhoso, tão necessário e indispensável à vida. A Mulher.

— — —— — —— — — §§§§§ — —— —— — — —

MULHER

Deus criou a mulher porque viu que não era bom que o homem estivesse só. Desde então, o homem sempre se vê na companhia de uma mulher. É certo que alguns até tem mais de uma duas ou três. Acha isso absurdo? Posso explicar.

Tudo começa quando nascemos, quando esse fato ocorre, quem está lá? Uma mulher marcando sua presença na pessoa de uma cuidadosa mamãe, que há nove meses teve o cuidado para que seu filhinho nascesse bem.

Todo o tempo ela vai estar ao meu lado, por isso sempre vou ter uma mulher para poder amar, ser cuidado por ela, admirá-la, ser admirado. Se nascer neste ambiente onde já havia irmãs, oba! Melhor ainda, posso inclusive ser mais paparicado e estar à volta de mais mulheres.

Há! Melhor ainda será quando encontrar uma esposa, a minha cara metade, aí sim, a vida terá mais sentido, vou ter alguém para dividir os sonhos e desta forma, vou ter duas mulheres, aquela que é a minha referência (minha

mãe) e aquela a quem vou sempre referir (minha esposa), minha amada.

Mas, não para por aí, já imaginaram se nasce desta união uma filhinha, que alegria, que gozo, agora tenho três mulheres e pode ser mais de três, se tiver mais de uma filha. Vejam! Agora tenho aquela que é a minha referência, aquela a quem vou sempre referir e agora, a de quem vou ser referido. Ela vai me chamar o tempo todo de papai.

Todo este histórico é para mostrar para você mulher o quanto você é importante, o quanto a história não se desdobraria sem você, o quanto você é fundamental. Você é universalmente conhecida por sua luta, sua garra, sua forma de amar, seu trabalho, seu serviço, seu ato despojado e abnegado de ser.

Olhando para as Escrituras, vemos você na beleza de **EVA**, na submissão de **SARA**, na coragem e desprendimento de **REBECA**, na ousadia de **RAQUE**L, nos cuidados de **JOQUEBEDE**, na fraternidade de **MIRIÃ**, no ato sábio e temente de **RAABE**, na simplicidade e humildade de **RUTH**, na prudência e sabedoria de **ESTER**, na paixão de **SULAMITA**, no fervor de **ANA**, na disponibilidade e abnegação de **MARIA**, na humildade de **IZABEL,** no quebrantamento de **MARIA MADALENA**, nas obras de **DORCAS**, na cooperação de **PRISCILA** e na pureza da **NOIVA DE CRISTO (A IGREJA).**

E o que dizer da mulher virtuosa, a qual a Bíblia exalta quando diz: **"Levantam-se seus filhos e lhe chama ditosa, seu marido a louva dizendo: muitas mulheres procedem virtuosamente, mas tu a todas sobrepujas".**

MARCA DIVINA (*Contextualização*)

Em dezembro de 2021, eu havia me preparado para escrever um sermão relacionado com a vida e obra de Jesus, voltado para o seu caráter e comportamento no dia-a-dia no tocante a realização da sua obra. Nesta ocasião, Deus me presenteou com uma palavra a qual intitulei de "FAZER O BEM, UMA MARCA DO DISCÍPULO". O foco desta mensagem era mostrar que Fazer o bem é uma atitude, uma marca inerente ao caráter de Jesus e que todo aquele que diz ser seu discípulo deve ter também essa marca.

A mensagem foi elaborada com o tema "FAZER O BEM", e desenvolvida em três pontos principais: Fazer o bem a todos, aos domésticos da fé e aos da família. Foi uma denúncia para aqueles que se viam não praticando essa fé e uma alegria para aqueles que são práticos na ação de fazer o bem sempre.

Embora considerasse o seu conteúdo rico e cheio de alertas para os ouvintes, considerei que houvesse a necessidade de algo que pudesse enriquecer mais ainda o seu entendimento. Foi aí que, me veio a inspiração do poema, o qual inserir em parte na pregação, para que servisse como uma espécie de catalizador, para fixar e dinamizar o entendimento dos ouvintes.

A idéia foi mostrar que fazer o bem é uma das expressões do amor o qual é apresentado como uma virtude do fruto do Espírito, como o caminho mais excelente e como o maior dos mandamentos e que há um ciclo virtuoso que Deus promoveu no eco sistema, onde todos os seus integrantes promovem o bem sem mesmo usufruir daquilo que produz através de um mecanismo natural que dispensa em sua essência favor e bondade.

Deus espera que façamos parte desse processo e sejamos portadores dessa marca: "FAZER O BEM A TODOS SEMPRE" e para isso ele nos deu o seu Filho Jesus, como modelo e exemplo maior.

— — —— — — — — — — §§§§§§ — — —— — — — — —

MARCA DIVINA

O sol não ilumina a si mesmo, a lua não reflete a sua luz para si e nem as estrelas retém o seu fulgor. O vento não se arrefece com o seu frescor; o ar não inala o seu próprio oxigênio e nem o fogo se aquece com o seu calor.

Os oceanos, os mares, os rios e lagos não bebem da sua própria água, eles não se saciam com a sua abundância; nenhuma árvore degusta o seu próprio fruto e as flores não exalam perfume para si e nem retém a sua fragrância.

Viver para os outros é uma regra da natureza estabelecida pelo criador de sorte que, a vida é boa quando estamos bem em nosso dispor, mas, se torna muito melhor quando os outros ficam bem por causa do nosso favor.

Há um ciclo virtuoso que impera em todo o eco sistema com altruísmo e benignidade e o mecanismo de inteligência da natureza dispensa essencialmente favor e bondade.

Perceba que, fazer o bem é uma das expressões do amor o qual foi descrito como a primeira virtude do fruto do Espírito, como o caminho sobremodo excelente, como o cumprimento da lei e por fim apresentado como o maior mandamento.

Um discípulo de Jesus deve ter essa nobre virtude, parte inerente do seu caráter que, nos ensinou com magnitude que seríamos reconhecidos se tivéssemos essa atitude, de nos amarmos uns aos outros assim como ele nos amou. Portanto, se dissermos que estamos nele, devemos andar como ele andou.

O mestre sempre fazia o bem e ensinou que a ninguém se rejeita e discrimina; se quisermos imitá-lo, tenhamos essa marca divina.

NEIA (*Contextualização*)

Pensando em um poema para a letra "E", além daquele que fiz ao Espírito Santo, havia pensado em fazer um para a "Esposa". Mas, pensei! Por que não fazer um poema homenageando a minha esposa? A ideia foi amadurecendo e daí surgiu esse belíssimo poema.

Falar daquela que convive comigo há mais de trinta anos, não foi difícil principalmente porque ela é uma mulher com grandes atributos e muito virtuosa; A sua atuação desprendida e abnegada é peculiar da sua personalidade. Não poderia ter conhecido alguém mais nobre e melhor que a minha esposa, Néia.

Fiz questão de lembrar nesse poema aquilo que a Bíblia diz com tanta ênfase sobre a esposa encontrada por seu esposo. *"Aquele que encontra uma esposa, acha uma coisa boa, e alcança a benevolência do Senhor"* *(Pv.18:22).*

Eu posso afirmar categoricamente, que encontrei essa coisa boa e alcancei essa bendita benevolência.

Obviamente não estou falando de uma esposa perfeita, sem defeitos e composta só de virtudes, não seria tão imprudente em falar assim, mas falo daquela que para mim, dentro da minha expectativa e da minha avaliação é exatamente a pessoa que precisava. Acredito sinceramente que Deus nos capacita a sermos melhores a cada dia que passa e sempre nos ajuda a adaptarmos dentro do relacionamento a fim de podermos chegar a perfeição dentro da expectativa do outro.

Todos nós estamos caminhando em direção a perfeição dentro da expectativa de Deus e a essa afirmação se aplica Efésios 4:13. *"Até que todos cheguemos a unidade da fé e do pleno conhecimento do Filho de Deus, a sermos homens perfeitos a medida da estatura da plenitude de Cristo".*

— — — — — — — — - §§§§§§ — — —— — — — —

NEIA

As Escrituras dizem com louvor

Quem encontra uma esposa

Encontra uma coisa boa e alcança

A benevolência do Senhor.

Quando a minha amada encontrei

Achei essa coisa boa

A benevolência alcancei;

Encontrei nessa nobre pessoa

O anelo que à alma afeiçoa.

No âmago do coração

Onde esconde a emoção

E o sentimento ecoa.

Faço minhas as palavras de Salomão

Exprimidas com emoção;

Quem é esta que desponta como aurora?

Quando a noite vai embora,

Fulgurante como o sol,

A luz do seu arrebol?

Continua declarando o poeta

A sua poesia predileta

Como um exército com bandeiras

Arvorando em fileiras

A sua beleza imponente

Muitas esposas virtuosamente

Procedem com atitudes singelas

Mas, a minha doce amada

Sobrepuja a todas elas

Néia, mulher guerreira,

Amada, amante, companheira,

Mãe abnegada e desprendida

Entre todas, a primeira.

Mulher de ação altaneira,

Diligente, forte e aguerrida.

Obrigado Senhor amado,

Por ter me abençoado

Com essa esposa querida.

ORAÇÃO (*Contextualização*)

Essa palavra é a chave que abre o relacionamento com Deus, por ela é possível acessarmos o céu e alcançar as mais preciosas dádivas e bênçãos dispensadas pelo Pai. Quando oramos estamos falando com Deus, estamos acessando a fonte para todas as soluções.

Existe uma grande importância no entendimento de que sem oração, dificilmente alguém poderá ter sucesso na vida espiritual; Deus deu tanta importância a oração, que Jesus, quando fala das petições que fazemos a Deus, diz que devemos orar insistentemente, até que obtenhamos a resposta.

Quando pensei em fazer um poema dedicado à oração, quis dá um realce em seu significado, mostrando que ela é o nosso acesso para comunicação com Deus, um acesso tão eficaz, que não tem tempo estipulado, não tem lugar determinado, não tem conteúdo específico, não tem prazo de validade. Na oração, Deus colocou a condição para as suas respostas. Embora sendo onisciente, sabedor de tudo o que precisamos e necessitamos, Ele espera que peçamos. Por essa razão a sua Palavra nos diz: *"...Pedi, e dar-se-vos-á, buscai e achareis, batei e abrir-se-vos-á"* (Mt.7:7).

Jesus ensina os discípulos a orarem e nessa oportunidade Ele os dá um modelo de oração, o conhecido "Pai Nosso". Notem que, nesse modelo Jesus começa ensinando os a dirigirem-se a Deus como o pai que está no céu e declararem que o seu nome é santo. Ensina os a buscar o seu reino (seu governo) e a sua vontade. Ensina-os a depender de Deus para adquirirem o pão de cada dia e o perdão dos pecados prometendo que também farão o mesmo com o seus devedores, a pedirem proteção contra as tentações e o livramento do mal; e por fim declararem que dEle é o reino o poder e a glória. Perceba que não é uma reza ou uma retórica bem delineada, mas um modelo do que devemos pedir e do reconhecimento que devemos dar a Deus.

— —— — — — — — — - §§§§§§ — — —— — — — — —

ORAÇÃO

Orar é falar com Deus,

É romper o véu,

É tocar o céu.

Orar e adorar

Pode ser em qualquer lugar,

Não tem o ambiente certo,

Desde a intimidade do quarto,

Até o mais vasto deserto.

A oração nos habilita

Entrar com ousadia

Na intimidade do nosso Pai

E ao acesso a sua Luz

Pelo novo e vivo caminho

Consagrado por Jesus.

Com fé e convicção

Tendo purificado o coração

Guardando firme a confissão

Da esperança, sem vacilar.

Quem fez a promessa é fiel

Para responder e para dar

O devido galardão,

À todo aquele que o buscar

Com fé em oração.

Orar em todo o momento

Independente do sentimento

Suplicando, e com ação de graça;

Seja no templo ou na praça,

Orar sem desanimar

Com perseverança e sem cessar.

Em todo tempo e momento

Nosso dever é orar.

PAI *(Contextualização)*

Pai é com certeza uma palavra de peso quando entendemos o seu valor e a importância que ela tem para as nossas vidas. Se analisarmos amiúde a história do relacionamento do homem e Deus, veremos que no início, na criação Deus se manifesta para o homem e a mulher como um pai que desejava ter uma grande família de muitos filhos. Com a entrada do pecado o homem perde essa filiação e se torna meramente uma criatura. Com o advento do messias, Jesus, Deus dá ao homem de volta a filiação quando a Palavra nos diz: *" Veio para o que era seu, e os seus não o receberam. Mas, a todos quantos o receberam, aos que creem no seu nome, deu-lhes o poder de se tornarem filhos de Deus" (Jo 1:11-12).*

No passado, o homem não conhecia Deus como pai, mas apenas como Deus, Jesus apresenta-lhes, não o Deus que eles já conheciam, mas o Pai. Vemos isso nas expressões: *"Glorifiquem a vosso pai que está nos céus"*, *"sede perfeitos como é perfeito o vosso pai que está nos céus"*, *"Ora ao pai que está em secreto"*, *"E o pai que vê em secreto te recompensará"*, *"O vosso pai sabe o que vos é necessário, antes de vós lho pedirdes"*, Portanto, *vós orareis assim: Pai nosso, que estás nos céus..."* E tantas outras expressões correlatas.

A minha experiência com Deus como Pai, sempre foi, é, e tem sido algo maravilhoso, quando me dirijo a Ele, tenho a segurança de que terei a resposta, não apenas do Deus que faz infinitamente mais... Mas de um pai cuidadoso, zeloso e que ama os seus filhos. Sempre me firmei naquela palavra de Jesus quando diz: " *Se, vós, pois, sendo maus, sabeis dar boas coisas aos vossos filhos, quanto mais vosso Pai, que está nos céus, dará bens aos que lhe pedirem*" (Mt 7:11).

Fiz esse poema, para honrar, exaltar e glorificar o meu precioso Pai celestial, a quem devo a minha vida e de quem dependo todos os dias.

— —— — — — — — — - §§§§§§ — — —— — — — —

PAI

Palavra pequena, mas de grande valor!

Com significado profundo revelado a todo o mundo,

Grande expressão de amor.

Deus é a máxima referência Pai de amor e benevolência,

Ensinando a todos os pais, a não esquecer jamais,

Que não há exemplo maior.

Nele está contido, confirmado e referido,

Tudo o que há de melhor.

Ser pai é ser abnegado e se dedicar com plenitude

Essa tão nobre virtude que, se desdobra com amor,

Reconhecida com louvor pelo supremo criador,

Que a todos os pais do mundo propõem abençoar

Com galardão e amor profundo, dando filhos para cuidar.

Só sabe o que é ser pai, quem o é ou foi um dia

E recebeu com alegria, com emoção e anseio,

Um filho no seu seio, propondo ser cuidador

Com muito zelo e labor; expressando todo amor

Todo cuidado e paciência, tendo firme na consciência

Que o papel de ser pai, é uma missão por excelência.

QUASE (*Contextualização*)

Esse poema é uma maneira de filosofar brincando é lembrar que tudo na vida, quando não se conclui, não se completa fica no "quase". A palavra quase como bem define o dicionário em suas diversas nuances, pode ser dita como: muito próximo; perto de; por um triz; com pouca diferença e outros significados mais.

Às vezes ela é empregada em nossos depoimentos onde justificamos o porquê do nosso insucesso ou do nosso fracasso, mitigando o impacto da própria narrativa. Em vez de dizermos: Infelizmente não consegui! Ou: De fato estava muito difícil para ser alcançado! Preferimos dizer: Quase consegui! Ou Quase alcancei!

Quase é o conceito daquilo que estava difícil de realizar, daquilo que era impossível de conseguir ou mesmo daquilo que jamais poderia ser alcançado. O "quase" se revela como a solução para completar a narrativa nos dando a possibilidade de sermos compreendidos não como fracassados, mas como aqueles que tentaram, que puderam de certa forma ser participantes de algo grandioso, embora não tendo conseguido alcançar ou realizar o que se queria.

Essa preciosa palavrinha, nos garante o sucesso da divulgação do insucesso, e a vitória da derrota daqueles que tentaram e que quase conseguiram. Ela é responsável por aquela conhecida frase: "é melhor a lágrima da derrota do que a vergonha de não ter lutado". A lógica aqui é: Se você foi derrotado é porque quase conseguiu, mas se não lutou, foi omisso, por isso não atingiu. Portanto é melhor dizer: "Quase conquistei" do que ter que dizer: "Não fiz, por isso não alcancei".

Percebeu? O grande poder que tem o "Quase".

— —— — — — — - §§§§§ — — —— — — —

QUASE

Advérbio de modo e intensidade,
Que de acordo com a necessidade
É utilizada com frequência
Nas respostas sem exatidão
Que, soam como um refrão
Quando algo não se completou,
Ou um ato não se consumou.
Para se ter uma base,
A resposta dentro da frase
Expressa a palavra Quase.

Quase sempre é pouca frequência;
Quase peguei denota impaciência;
Quase fiz, não aconteceu;
Quase falei, emudeceu;
Quase atirou não acertou;
Quase lembrou, não memorizou;
Quase amou, não se apaixonou;
Quase foi, não viajou.

Antes que não se abrase

É melhor que se case,

Que a noiva não se atrase

Tudo isso é uma fase.

Que o evento não se arrase

E o tempo não se defase,

Tendo por fim uma base

Daquilo que não ocorreu;

Dito em uma pequena frase

Quase aconteceu.

QUE DEUS MARAVILHOSO!
(Contextualização)

A inspiração para este poema surgiu observando o quanto o homem deste século tem dificuldades de reconhecer Deus como o criador e de glorificá-lo pelos seus feitos. Aliás, por sua insensatez, ele ignora a sua existência, portanto, essa pode ser a explicação para sua incredulidade e o seu descaso. Não é sem razão o que a Bíblia Sagrada revela a seu respeito: *"Diz o insensato no seu coração: Não há Deus..." (Sl. 53:1a)*.

Analisando a letra da música "What a Wonderful World", dos compositores: Bob Thiele e George David Weiss, cantada por Louis Armstrong constatei que, embora seja uma letra muito bonita, de uma exuberância poética em todo o seu conteúdo, não há nenhuma menção de Deus, e a sua exaltação é para o mundo, a qual está expressa nas terminações das estrofes com a frase: "Que mundo maravilhoso".

Foi então que resolvi fazer justiça; compus esse poema para dar ao meu Deus a justa adoração e louvor. Por isso a expressão "Que Deus Maravilhoso!", que intitula o poema, é também o ato final em cada estrofe. Procurei apresentar na estrutura do poema, observações que fazemos naturalmente quando vemos as obras da criação, mas glorificando ao nosso Pai por essa obra tremenda e grandiosa. Perceba que essa era a atitude do salmista Davi; todas as vezes que falava da obra criada ele exaltava o seu criador, como por exemplo, o que diz no salmo 119: *"Os céus proclamam a glória de Deus, e o firmamento anuncia as obras de suas mãos"* (Sl. 119:1).

"Que Deus Maravilhoso!" É um poema de tributo a Deus, exaltando-o por sua grandeza, adorando-o por sua majestade e glorificando-o por sua santidade. Ele é o meu Pai, Aquele que adoro, louvo e glorifico neste singelo poema reconhecendo-o como o Criador dos Céus da Terra e de tudo o que neles há.

Quero finalizar fazendo minhas, as palavras do salmista em seu salmo 45 quando diz: *"De boas palavras transborda o meu coração. Ao Rei consagro o que compus; a minha língua é como a pena de habilidoso escritor"* (Sl.45:1). A Ele (Deus), toda honra, toda glória, todo louvor e toda adoração.

- - - - - - - - - - - - - - - - - - §§§§§§ - - - - - - - - - - - - - - - - - - -

QUE DEUS MARAVILHOSO!

Observando o firmamento,
Vejo o azul na imensidão
Ornamentado por nuvens brancas
Como plumas de algodão.
Contemplo a sua beleza,
Entendo que é esplendoroso
Medito sobre sua grandeza,
Seu aspecto primoroso
E falo para mim mesmo:
Que Deus Maravilhoso!

Olho para o sol, com sua luz aquecendo o dia,
Contemplo a luz da lua que inspira a poesia;
As estrelas cintilantes enfeitando o firmamento
Reflito nesse momento,
Que cena interessante!
Medito em um instante,
Perplexo e admirado
Vendo esse cenário animado,
Por um feito caprichoso,
E digo para mim mesmo:
Que Deus Maravilhoso!

Vejo o oceano, sua imponência aquosa,

O mar com sua onda furiosa,

Se elevando sobre as águas, com força e bravura,

Indo ao limiar da praia,

Se limitando como numa moldura;

Onde o seu ímpeto termina

Retornando com brandura

Por determinação divina.

Percebo o quanto é curioso

E digo para mim mesmo:

Que Deus Maravilhoso!

Olhando as florestas, a sua vastidão,

Cobrindo os riachos com sua vegetação,

Dando abrigo as aves que, cantam com destreza

De forma graciosa, alegrando a natureza,

Vejo nessa diversidade a grande peculiaridade

Desse mundo encantador,

Com toda a sua beleza, obra do Criador.

Feita com muito zelo, um caprichoso modelo;

Paro e observo cuidadoso

E digo para mim mesmo:

Que Deus Maravilhoso!

Vendo o Céu nublado, só então percebi;

O anúncio da chuva que estava por cair

Olhei atentamente e admirado vi

Um belo arco-íris com suas cores exuberantes,

Meditei no mesmo instante e lembrei-me do que li.

Ele é o arco da aliança, criado para lembrança,

Do pacto do criador com palavra garantida

Que após aquele dilúvio essa terra de bonança

Não seria jamais, pelas águas, destruída.

Refleti admirado ficando silencioso,

Lembrando-me do pacto firmado,

Por esse Pai amoroso.

E disse para mim mesmo:

Que Deus Maravilhoso!

Olho para os animais e extasiado fico,

Quanta variedade, espécies de todo tipo,

Tamanhos variados de todas as formas e cores

Aves que cantam gorjeando com louvores,

Outras com muita exuberância

Mostram em suas penas perfeita elegância;

Algumas enfeitam os ares com seu voo majestoso

Fico parado observando admirado,

Como isso é primoroso!

E penso comigo mesmo:

Que Deus Maravilhoso!

Vejo no nascer de cada criança,

A obra prima da criação,

No futuro, um belo jovem fruto da esperança,

De um formoso cidadão

Que dará corpo a um varão

Com vigor e confiança

E mais tarde estará na lembrança

De um sapiente ancião.

Essa obra magnífica vem da mão do Criador

Esculpida com detalhes, com um toque amoroso,

Contemplo com admiração esse gesto tão mimoso

E penso comigo mesmo:

Que Deus Maravilhoso!

Essa obra grandiosa com toda sua feitura

Teve uma mão habilidosa que deixou sua assinatura,

Escrita de forma ditosa com ternura e bondade

Pelo Pai da Eternidade do jeito que lhe apraz;

O magnífico Deus Forte, Conselheiro e Príncipe da paz.

Entre esses adjetivos vi outro inspirativo

Que revela com inteireza, esse Ser tão Majestoso.

Afirmo com toda certeza com o coração jubiloso

E digo para mim mesmo:

Que Deus Maravilhoso!

Finalizo este poema externando gratidão,

Ao meu Pai celestial que por graça e compaixão

Enviou seu filho amado

Para que eu fosse propiciado,

Substituído e resgatado

E por fim reconciliado garantindo a salvação.

Grito em tom vigoroso, força e exultação,

Com o Espírito Fervoroso com louvor e adoração

Ecoando por todo mundo com um brado estrondoso

Declaro com amor profundo:

Que Deus Maravilhoso!

RESSURREIÇÃO *Contextualização)*

A única fonte fidedigna, onde encontramos a explicação mais plausível para a ressurreição é a Bíblia. Nela está claramente definido o conceito desta poderosa palavra. Ressurreição é o ressurgimento à vida. É a vitória sobre a morte.

Paulo, o apóstolo, quando fala a respeito dela diz que se nós crermos que toda a expressão da vida está na vida terrena e não crermos na ressurreição, somos então, os mais miseráveis de todos os seres.

Para nós, o conceito de morte nos revela o fim de tudo aqui no planeta, a interrupção da vida terrena , como de fato é, mas, a ressurreição nos dá a esperança da vida eterna. Por isso dizemos que a ressurreição de Jesus, foi a sua vitória sobre a morte, ela é o fundamento da nossa união com ele, é a base da nossa ressurreição e o resgate da nossa fé.

No momento em que pensei em um poema com a letra "R", logo pensei na ressurreição, a fim de jogar luz sobre essa palavra tão significativa e relevante para a vida. Ela dá significado a fé cristã, é impossível pensar no cristianismo sem a ressurreição, não tem como desenvolver uma fé genuína sem crer na sua existência e possibilidade.

A ressurreição foi tão intrigante para os religiosos da

época, que em vez de admitirem o Messias como o Filho de Deus atestado pela sua ressurreição, foi mais fácil plantar uma falsa prova do roubo do seu corpo pelos seus discípulos como está registrado no evangelho segundo Mateus. *"E, quando iam, eis que alguns da guarda, chegando à cidade, anunciaram aos príncipes dos sacerdotes todas as coisas que haviam acontecido. E, congregados eles com os anciãos e tomando conselho entre si, deram muito dinheiro aos soldados, ordenando:* **Dizei: Vieram de noite os seus discípulos e, dormindo nós, o furtaram**. *E, se isso chegar a ser ouvido pelo governador, nós o persuadiremos e vos poremos em segurança. E eles, recebendo o dinheiro, fizeram como estavam instruídos. E foi divulgado esse dito entre os judeus, até ao dia de hoje"* (Mt 28:11-15).

Fiz esse poema, para salientar a importância da ressurreição e lembrar que só é possível o acesso à vida eterna, através dela.

— —— — —— — — - §§§§§§ — — —— — —— — —

RESSURREIÇÃO

Mais que um ressurgimento,

Um inusitado evento.

Um episódio extraordinário

Que dispensa qualquer comentário.

É uma ação de transporte

Daquele que ficou na morte,

Com memória esquecida

Recebendo o seu passaporte

Para o retorno à vida.

Onde está ó morte a sua vitória?

Quantos ficaram na sua história?

Onde está o seu aguilhão?

A força da sua prisão?

Não há poder suficiente

Que detém na morte o crente

Aquele que tem convicção,

E fé em seu coração

Que acredita sem hesitação

No poder da ressurreição.

Se a ciência fosse explicar

O poder da ressurreição,

Compararia a uma explosão

Um poder atômico,

Uma erupção

Com força de transformação;

Uma forte radiação

Capaz de provocar

Uma autêntica revelação.

Conta a história

Com argumento sumário,

E fato revelador

Que o santo sudário

Um tecido milenário,

Guardado num relicário

Traz em seu conto lendário

A imagem do Senhor.

SALVAÇÃO *Contextualização)*

Esta também está elencada no rol das palavras de grande relevância para as nossas vidas e porque não dizer para o mundo. Quando falamos de salvação estamos falando do maior projeto de vida que o mundo já conheceu, através desse grandioso projeto, Deus mudou a história do ser humano. Vale salientar que, a nossa condição era de condenados ao castigo eterno, teríamos que passar por toda a eternidade sem a presença de Deus.

Por isso, o autor da carta aos Hebreus quando fala deste assunto diz: *"Como escaparemos nós, se não atentarmos para uma tão grande salvação, a qual, começando a ser anunciada pelo Senhor, foi-nos, depois, confirmada pelos que a ouviram"* **(Hb 2:3).** A conotação dada pelo escritor da epistola é o grande valor desta salvação comparado com a importância que daremos a ela. Atentem para a expressão "como escaparemos?". Esse é o único meio de escape, Deus o providenciou através do seu único filho, porque somente ele é perfeito o suficiente para agradar o Pai e aplacar a sua ira contra um mundo pecador.

Esse poema é um lembrete para as nossas mentes, a fim de não esquecermos jamais de tal importância. Termos afixado em nosso coração a lembrança deste grandioso ato do criador em ter enviado um justo para morrer no lugar dos injustos abrindo assim, a porta de entrada ao céu,

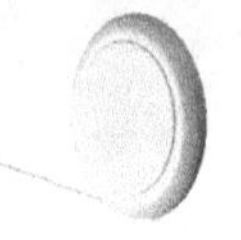

onde certamente poucos estarão, porque ainda que haja um apelo da parte de Deus, é necessário que o homem queira e se arrependa, tomando posse desta tão grande salvação, para por fim herdar a vida eterna.

— —— — — — — — - §§§§§§ — —— — — — —

SALVAÇÃO

O povo que andava em trevas

Viu uma luz muito forte.

Para aqueles que estavam na morte

A luz resplandeceu;

É que, um menino nos nasceu

E um filho se nos deu.

Vaticinou o profeta Isaías

Entre muitas profecias

O advento do Messias.

A salvação é para todos

Uma decisão paterna,

Daquele que nos criou

Que, o mundo muito amou

Enviando o seu unigênito

Para que todos que nele crê,

Não venham perecer

Mas alcançar a vida eterna.

A salvação é gratuita

Para aquele que acredita

No Cristo salvador.

Que, se ofereceu como sacrifício

Passando por todo suplício,

Foi a nossa propiciação

Promovendo a redenção,

Alcançou reconciliação

Aplacando a ira divina

Deu ao mundo a salvação.

SAUDADE *Contextualização)*

Quando falamos de saudade, lembramo-nos das canções, dos sonetos, contos e poesias, retratadas na nossa literatura e até na literatura mundial. É um sentimento que praticamente todo ser humano já experimentou, ela é universalmente conhecida e se tornou parte inerente dos corações.

Acredito que, por mais que se queira definir saudade, ninguém poderá fazê-lo até o momento de ser acometido por uma perda, quer seja de um amor que se foi, de uma pessoa que partiu, de um afeto que não existe mais, enfim! É peculiar da saudade deixar o coração com a vontade de ver ou ter outra vez, aí ela se torna uma eterna dor, quando se tem a certeza que não se verá ou terá mais.

Eu não conhecia o significado desta palavra, até ter perdido o meu filho, as lembranças são tão agudas, que torna a saudade uma dor que corrói e que sempre estará presente no momento em que tal recordação for ativada. Ela se torna como um punhal que penetra até o mais profundo e com a sua lâmina afiada, vai cortando cada fibra fazendo com que a intensidade da dor seja constante e atroz.

A própria palavra saudade, já é um poema, pela extensão do sentimento que ela provoca e que em alguns

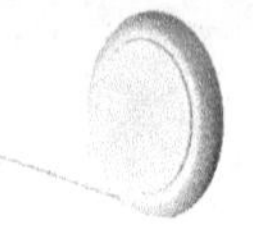

casos, aqueles de final feliz, ela se transforma no detalhe que alimenta de forma poética o sentimento, dando aos enamorados, a doçura do ter de novo mitigando a amargura da espera do retorno.

— —— — — — — — — - §§§§§§ — — —— — — — —

SAUDADE

Dizem que saudade em sua definição mais comum
Significa: "vontade de ver outra vez".
Outros a interpreta como um sentimento,
Um misto de boas lembranças e avidez,
Por vezes prazerosas e com dores reais
Por alguém que não se tem mais.
Já a poesia musicada em nossa cultura
Registrada nos anais,
Diz que, saudade existe e tem o seu teor,
É uma palavra triste
Quando se perde um grande amor.

Para mim, saudade
Tem um conceito abstrato
Sem definição e formato,
Ela tem seu significado
Construído e edificado
No âmago do coração;
Em suas demandas emocionais,
Para alguns, uma dolorosa recordação;
Para outros, não esquecer jamais.

Veio-me a mente uma temática,

Uma reflexão semântica

E ao mesmo tempo matemática.

Se a perda não for prática

E seu valor não for expressivo,

A saudade nunca terá sentido.

A lembrança estará relacionada

Diretamente proporcional

Ao valor da perda total.

Essa é a primeira grandeza.

O tempo, a segunda, com certeza,

Dará à lembrança,

Inversamente proporcional

Mas, ainda correlata,

A definição abstrata

Com menos sofrimento,

Mitigando os seus impactos,

No âmago do pensamento

Vão se diluindo em atos

Em ondas e passo lento.

A palavra saudade

Nunca terá uma definição,

Enquanto não se experimentar

Uma perda de expressão.

Somente o tempo mitigará

Os seus impactos no coração.

Portanto, essas duas grandezas:

Perda e tempo

Serão responsáveis em dado momento,

Pela intensidade das lembranças

Na sua forma e expressão,

Peculiar de cada coração

Sentida com emoção,

Com clara definição

E grande veracidade,

Imbuído de qualidade

O nobre significado

Da palavra, Saudade.

TER *Contextualízação)*

Neste poema, proponho uma meditação simples e ao mesmo tempo filosófica. Meditação esta que nos levam a avaliar os reais valores entre o ser e o ter. Certo é que, a maioria dos homens sempre se preocupou em possuir, adquirir, conquistar em detrimento da expressão de caráter que devem apresentar no seu dia-a-dia. São aquelas pessoas que pautam suas vidas na verdadeira inversão de valores.

Existem alguns adágios populares que dizem que ser é melhor que ter um deles diz com propriedade que: A maior riqueza do homem está no caráter que ele tem e não necessariamente na posse de um bem. A lógica desta frase está no fato de que este pode se perder com o tempo e aquele é perpétuo na alma daquele que o valoriza, daquele que entende a primazia do "Ser" sobre o "Ter" que, valoriza pessoas e não coisas.

No poema "TER", afirmo que "ser" é algo que se conquista por decisão e "Ter" por ambição, somente aqueles que valorizam o "Ser" dão conta de apreciar as virtudes do caráter de alguém que se porta com retidão. Aquele que é ávido por possuir, vai sempre voltar os seus olhos para a possessão, pois para este, a vida se faz de bens adquiridos.

Quero lembrar as palavras do apóstolo Paulo quando diz: " *Manda aos ricos deste mundo que não sejam altivos, nem ponham a esperança na incerteza das riquezas, mas em Deus, que abundantemente nos dá todas as coisas para delas gozarmos"* (1Tm 6:17). E ainda as palavras de Jesus, quando disse: *" E disse-lhes: Acautelai-vos e guardai-vos da avareza, porque a vida de qualquer não consiste na abundância do que possui"* (Lc 12:15).

Portanto, valorizemos mais o ser do que o ter, lembrando que os dois são necessários à vida, mas o grande diferencial é o valor que damos a cada um.

— — — — — — — — - §§§§§§ — — — — — — — —

TER

O mais importante na vida

Não é o ter, Mas o ser

Ter, é possuir,

Ser é construir.

Ter é ambição

Ser é decisão.

Não é perene o que se tem,

Um dia se acaba pela vaidade

Mas é perene o que se é

Por toda uma eternidade.

Ter é fruto da avidez

De adquirir muita possessão;

Ser é fruto da sensatez

De construir com aptidão,

Com distinta honradez

Os atos do coração.

UNIGÊNITO *Contextualização)*

Etimologicamente falando, a palavra nos remete a ideia de "único", um só apenas, quando falamos do filho unigênito, falamos do único que se tem e que certamente o nosso apego será inevitável, pois é notório que, quando se tem apenas um, seja qualquer que for o bem, objeto, ou afeto, nos apegamos de alma e coração.

Esse poema me veio ao coração, por dois motivos em especial, o primeiro, quando refleti na situação de Deus, tendo que entregar o seu único filho para que o homem fosse redimido e salvo para ser reincluído em seu propósito eterno (A grande família de muitos filhos). Ainda que não fossemos merecedores, Deus o fez, porque viu a nossa miséria, sabia que não tínhamos atributos suficientes para tal alcance e porque no amou incondicionalmente. Pense caro leitor, que situação! Deus entregou o seu unigênito, seu único filho, Santo, Reto, Justo, para morrer no lugar dos injustos. Creio que a própria análise desse contexto, a nós é impossível fazê-la, jamais alcançaríamos a plenitude de tal avaliação.

O segundo motivo está relacionado com a minha experiência, Eu perdi o meu unigênito e como pai pude refletir na situação de Deus, ainda que a minha experiência fosse pequena e pobre diante da que Deus vivenciou, mas para mim como humano foi algo terrível considerando inclusive todo o contexto: O filho era único, por ser especial, carecia de um cuidado específico e diário, a minha esposa por ser uma mãe portadora do Gene defeituoso, para não perpetuar a patologia, teve que ser esterilizada para não ter mais filhos. Ficamos desfilhados ao perder o único que tínhamos e com a certeza que não teremos mais nenhum.

Sei que tal experiência não é suficiente para comparar com a que Deus vivenciou, mas para mim serviu para ter um pouquinho do sentimento do coração de um pai quando perde o seu unigênito.

— — — — — — — — - §§§§§§ — — — — — — — — —

UNIGÊNITO

Filho único gerado

Com terno amor e bom grado,

Um indivíduo congênito.

Filho amado unigênito

Com mesma natureza do Pai,

Matéria prima donde extrai

O produto da criação;

De um ser tão esperado

Fruto de uma união.

Jesus, unigênito do Pai

Por sacrifício foi dado

Para expiar o pecado

Pelo mundo provocado,

Trazendo muitos filhos à Deus

Pelos sofrimentos seus

Foi cuspido e ultrajado,

Com desprezo rejeitado

Pela sua crucificação

Através da redenção,

Transformou a todos nós

Filhos por adoção.

Fez uma obra tremenda

Completa e grandiosa

Com uma ação voluntariosa,

Por sua natureza zelosa

Com o seu amor atrai,

O precioso filho unigênito

Hoje é o primogênito

Entre muitos filhos do Pai.

VERDADE *Contextualização)*

Falar da verdade é muito prazeroso, por ela é a expressão que define toda a essência daquilo que está diretamente relacionado ao próprio Deus.

Quando Jesus fez a apresentação de si mesmo, ele associa a sua pessoa com três substantivos: Caminho, Verdade e Vida; Digo que o Caminho é o que nos conduz a Deus; Vida é o que nos fará estar eternamente com Deus e a verdade, o que nos fará conhecer a Deus. É importante salientar que quando Jesus fala, não usa o artigo indefinido "um", mas o artigo definido "o", nos dando o entendimento que Ele é o único caminho, a única verdade e a única possiblidade de vida.

A verdade, portanto, entre esses substantivos, é a que nos dá o conhecimento certo e preciso, dada a sua significação etimológica do latim: "VERITAS" conotando aquilo que está de conformidade com os fatos ou a realidade.

Esse poema, é um tributo à VERDADE, a sua expressão e relação com o Senhor Jesus, o nosso amado Salvador, o Filho de Deus. Quando falamos da verdade, falamos do próprio Deus na expressão de Jesus: "EU SOU..." Verdade é Luz, é transparência, é clareza, autenticidade.

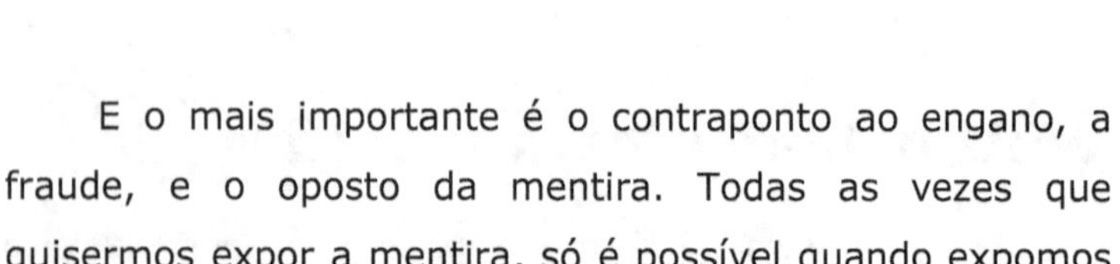

E o mais importante é o contraponto ao engano, a fraude, e o oposto da mentira. Todas as vezes que quisermos expor a mentira, só é possível quando expomos a verdade. É o mesmo que dissipar as trevas com a luz.

— —— — — — — — - §§§§§§ — — —— — — — —

VERDADE

Propriedade de está conforme

Com os fatos e a realidade,

De pura veracidade

Conclui-se afinal

O que se define por verdade

É um fato ou evento real.

É importante trazer á luz

Toda prova que aduz,

Daquilo que se deduz

Dúvidas que se produz;

Esclarecendo com firmeza

Todos os pontos com certeza,

Elucidando com clareza

Realçando com autenticidade

Com pudor e sinceridade,

Todos os fatos pela verdade.

Da verdade nada se tira

É o contrário de mentira,

Engano ou falsidade.

Para estar com a verdade

É necessário estar na luz

Que ilumina e conduz,

Esclarecendo com simplicidade

Que de fato a verdade

Está no nome de Jesus.

XENOFOBIA *Contextualízação)*

Vivemos atualmente em um mundo globalizado, sem fronteiras, as pessoas estão fugindo das ditaduras dos seus países e procurando abrigo e amparo em outras nações. Essa realidade é o retrato daquilo que vivemos no século XXI.

A América do Norte já há muito tempo tem experimentado essa realidade, muitas pessoas dos países de terceiro mundo, migraram para lá em busca de trabalho, sucesso em suas carreiras profissionais e artísticas procurando por uma vida melhor. Hoje, temos outra realidade, pessoas fugindo dos regimes ditatoriais, principalmente os da América do Sul, e se refugiando em países que lhes dão asilo.

Em face desta realidade, o correto é serem recebidos com os cuidados devidos ao ser humano, uma vez que são nossos semelhantes, mas infelizmente apareceu no cenário uma palavra que estava escondida no fundo do baú literário e que existia apenas na relação de palavras dos dicionários. É a chamada XENOFOBIA, tão cruel em seu significado, como na sua aplicação, ela é o sentimento e a atitude daqueles que fazem acepção de pessoas estrangeiras, que as rejeitam como se fossem animais de outra espécie, e que muitas vezes se minimizam os seus impactos, explorando essas pessoas quer seja na mão de obra escrava, como na escravidão sexual.

Xenofobia é tudo o que não faz parte do coração de Deus e daquele que o tem como pai, que enviou o seu filho para todos: *"Deus amou o mundo de tal maneira que deu o seu filho.."* Essa é a expressão do amor de Deus. Portanto, xenofobia é uma palavra que deve ser extinta do nosso dicionário pessoal e que jamais deverá ser a nossa prática, quando estivermos diante da necessidade de um semelhante estrangeiro.

— —— — — — — — - §§§§§§ — — —— — — — —

XENOFOBIA

Todo homem é proveniente de Deus, feito a sua imagem e semelhança, todos descendentes de Adão. Como se explica então, o preconceito e a aversão, que brota dentro do coração daqueles que por pura rejeição não reconhece como semelhante pessoas de outra nação?.

Esse pensamento nesses últimos tempos tem sido corriqueiro por parte de pessoas insanas que geram em seu coração essa terrível aversão pelo semelhante estrangeiro.

O termo é xenofobia, quase uma cacofonia, definida como um conceito por aqueles que com muito jeito apregoa com preconceito que de modo declarado e grosseiro, rejeita com evidência, e até com violência seu semelhante estrangeiro.

Tal sentimento para Deus causa tristeza e decepção, vendo que esse ser, obra prima da criação, corrompeu o seu coração dando lugar a obscuros sentimentos, elevando em seu pensamento, atitudes intolerantes, rejeitando os seus semelhantes numa ação tão rigorosa inaceitável e sombria, maculando o seu coração com a monstruosa xenofobia.

Deus em sua sabedoria criou um lugar especial, para estarmos com ele um dia, é a pátria celestial, preparada

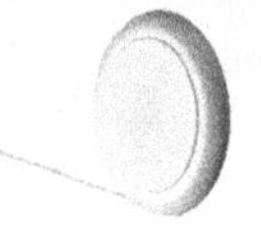

para seus herdeiros, inclusive os estrangeiros, onde só haverá alegria, não haverá pranto tristeza ou xenofobia.

154

YESHUA HAMASHIA
(Contextualização)

Um assunto que é corriqueiro entre os cristãos e até aqueles que apenas estudam a respeito, é o nome de Jesus. Todos sabem da importância que tem os nomes. Por eles somos chamados, conhecidos, identificados e até em alguns casos elevado em memoriais.

Esse poema realçando um nome escrito em outra língua, é para mostrar o quanto este nome é importante. Trata-se do nome de Jesus escrito em aramaico, uma língua primitiva, surgida antes do hebraico, o qual herdou dela muitas palavras e significados.

O nome de Jesus está grafado em todas as línguas, devido o alcance da sua fama e reputação, mas no primeiro século, a sua apresentação se deu em Grego, Latim e Hebraico, a inscrição acima da sua cabeça, afixada na cruz que trazia a frase: " JESUS CRISTO O FILHO DE DEUS", foi idealizada por Pôncio Pilatos.

Os gregos, o chamavam de "Iesous", já os romanos que falavam o latim, chamavam-no de "Iesus", um termo bem parecido, mas para os Judeus era "Yeshua Hamashia"

Jesus, o Messias para os discípulos era uma expressão de peso, pois como todos sabemos qualquer conotação dada a uma palavra em sua expressão, tem um realce

Maior quando falamos em nossa própria língua. Considerando que Jerusalém estava colonizada por Roma, que tentava lhes impor hábitos, estilos de vida e com isso poderem corromper a sua cultura, era imperativo que se preservasse o seu idioma, dizer YESHUA HAMASHIA para eles era expressar a vida do Cristo de Deus, o Messias, o UNGIDO.

— —— — — — — — - §§§§§§ — — —— — — — —

YESHUA HAMASHIA

Não há em toda a história um nome com tanta glória Yeshua no aramaico é o nome do filho de Deus, Também escrito em hebraico, a língua dos judeus. Lembrado em jubileus em salmos e poesia, Yeshua Hamashia.

No grego lemos Iesous, no latim, lemos quase assim, transliterado por Iesus. Aquele que nos amou e por nós se entregou, para cumprir o propósito eterno, morreu crucificado, ressuscitou e foi exaltado está a direita do Pai, cumprindo as profecias, Jesus Cristo, o Messias, Com quem estaremos um dia, Yeshua Hamashia.

Neste nome há esperança, para todo aquele que crê que, aguarda com muita fé a manifestação do salvador, que virá com grande clangor, com os anjos e muito louvor na aparição do grande dia, na gloriosa Parousia de Yeshua Hamashia.

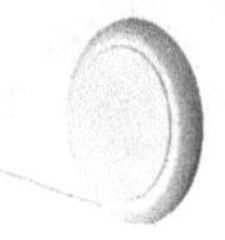

ZELO *Contextualização)*

Quando falamos em zelo, falamos necessariamente de cuidado, é uma palavra que para a nossa língua, dá essa conotação, mas a sua origem, no grego ela é traduzida por ciúme. Já a palavra ciúme para nós, em outra conotação, ela está associada ao estado emocional complexo que envolve um sentimento penoso provocado em relação a uma pessoa de que se pretende o amor exclusivo; receio de que o ente amado dedique seu afeto a outrem; medo de perder alguma coisa.

Perceba que, em nenhum momento ela conota o que realmente se define na sua originalidade que a define como: grande cuidado e preocupação que se dedica a uma causa, algo ou alguém. De outro prisma: É uma forte disposição, diligência ou empenho aplicado na realização de uma tarefa, um dever ou uma obrigação. Isso me lembra muito a Palavra de Deus, quando quer dá a certeza do empenho de Deus em firmar e concretizar algo, ela nos diz: *"O zelo do Senhor fará isso"*

Portanto, vendo zelo como ciúme, na sua tradução original, concluímos que em nada é semelhante o seu significado na nossa língua. O ciúme que conhecemos é um sentimento egoísta, autoritário, possessivo, que culmina no mal que se intenta contra o outro. Já no grego, zelo como ciúme, dá uma conotação de proteção, pontualidade, cuidado com aquilo ou aquele que queremos bem.

No final do poema, faço uma exposição lúdica, brincando com as rimas mas dando sentido ao contexto, mostrando que não há como fazer bem feito nem proteger direito se não fizer com zelo.

ZELO

Sinônimo de cuidado,
Amparo e proteção,
Revela em amiúde
As nobres atitudes
Emanadas do coração,
Que exalam com plenitude
Amor e compreensão.

Do grego em sua tradução
Zelo tem sua apresentação,
Como uma palavra ao lume,
Tão evidente quanto vagalume,
Que no melhor da conotação,
Perceptível como um perfume,
Em sua definição,
Zelo significa ciúme.

Portanto, faço um apelo,
Para que todos sejam modelo
Caminhando sem atropelo,
Pondo os pés no seu escabelo,
Se livrando do seu pesadelo,
Se cuidando do desmantelo,
Apoiando no cotovelo,

Se firmando com o tornozelo,

Desenrolando como um novelo,

Se desfazendo como um degelo,

Controlado no cerebelo,

Fazendo tudo com zelo.

AUTOR

Silmar Silva Moreira nasceu em Vila Pereira Distrito da cidade de Nanuque/MG - 23 de Maio de 1961. Bacharelado e Licenciado em Teologia pela Faculdade de Teologia de Anápolis.

Atualmente coopera na obra de Deus na Igreja que está em Ji-Paraná/RO.

Autor dos livros:

- O JUSTO, O ÍMPIO E AS PROVIDÊNCIAS DE DEUS;

- DIVÓRCIO E NOVO CASAMENTO À LUZ DA LEI DE CRISTO;

- COMO LÁGIMAS NA CHUVA;

- VENCENDO A DEPRESSÃO COM O FRUTO DO ESPÍRITO;

- AS GUIDESTONES E OS DEZ MANDAMENTOS DO MAL;

- INTELIGÊNCIA ESPIRITUAL;

- POEMAS E POESIAS DE A-Z.

OBRAS DO AUTOR

Uma análise sobre divórcio à Luz do Mandamento de Cristo e os seus efeitos na eternidade da vida daqueles que optam por ele.

O autor narra nesta obra a história da sua luta com as agressões da DMD na vida do seu filho e fala da sua jornada de fé e esperança em Deus.

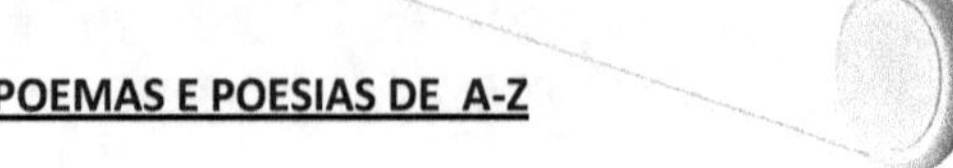

OBRAS DO AUTOR

A depressão, um inimigo tão voraz fez parte da história do autor e sua esposa, no pós-luto. Nesta obra são apresentadas as soluções para vencer esse terrível mal e se livrar das suas consequências.

Esta obra traz um tratado teológico acerca das escrituras cunhadas nas pedras guia da Geórgia. O autor faz uma análise profunda e escatológica do assunto e suas implicações para o futuro da humanidade.

OBRAS DO AUTOR

Nesta obra, o autor refuta a inteligência espiritual associada à espiritualidade e defende a ideia de que, ela está associada ao termo "espiritual" que busca a sabedoria Divina para o cumprimento da vontade de Deus, o Criador.

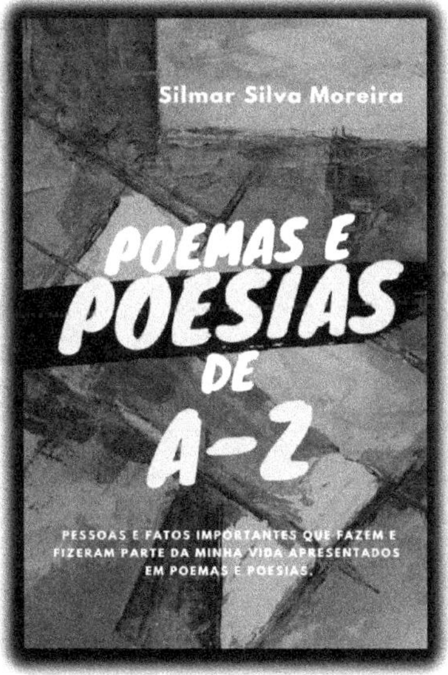

POEMAS E POESUIAS DE A-Z, é uma obra literária onde o autor relata de forma poética as suas experiências e os episódios vivenciados ao longo da sua vida, com exaltação e louvor a Deus.

9 786500 183498